대한 독립의 소리가 천국에 들려오면

대한 독립의
소리가
천국에
들려오면

안중근의 나의 사랑하는 나라

안중근
지음

조일동 엮음

대한 독립의 소리가
천국에 들려오면

1쇄 발행 2024년 12월 18일

지은이 안중근
엮은이 조일동
펴낸곳 드레북스
펴낸이 조일동

출판등록 제2024-000094호
주소 경기도 부천시 소향로143, 918호(중동, 필레오트윈파크1)
전화 032-323-0554
팩스 032-323-0552
이메일 drebooks@naver.com
인스타그램 @drebooks

인쇄 (주)프린탑
배본 최강물류

ISBN 979-11-93946-29-9 03990

1909년 10월 26일, 하얼빈역에 울린 총성

"내가 대한 독립을 회복하고 동양 평화를 유지하기 위해 3년 동안 해외에서 떠돌아다니며 고생했으나 그 목적을 이루지 못하고 이곳에서 죽느니, 우리 2천만 형제자매는 각자 스스로 분발해 학문에 힘쓰고 산업을 진흥함으로써 내 뜻을 이어 자유 독립을 회복하면 죽는 자 한이 없겠노라."

죽음을 초월한 의연함 중에도 조국과 민족을 걱정하고 사랑하는 마음을 놓지 않았던 사람. 그는 1910년 2월 변론을 맡은 변호사에게 유언 형식의 글을 전달했고, 이 글은 1910년 3월 25일 〈대한 동포에게 고함〉이라는 제목으로 《대한매일신보》에 게재되었다.

그는 대한제국기 나라의 운명이 스러져 갈 때 혈혈단신으로 이역만리 만주 하얼빈역에서 구한말 일제의 대한제국 강점을 주도한 이토 히로부미를 처단해, 대한 남아의 기개와 한국인의 민족혼이 살아 있음을 전 세계에 알렸다. 우리나라 사람이라면 누구나 이 내용만으로도 그를 짐작할 수 있을 것이다. 우리 민족의 영웅 안중근 의사다.

이토 히로부미를 사살한 후 체포된 안중근 의사는 재판을 받으면서 거사를 실행한 이유를 밝혔다.

"대한제국 명성황후를 시해한 죄, 대한제국 황제를 폐위시킨 죄, 5조약과 7조약을 강제로 체결한 죄, 무고한 한국인들을 학살한 죄, 국권을 강탈한 죄, 철도·광산·산림·천강을 강제로 빼앗은 죄, 제일은행권 지폐를 강제로 사용하게 한 죄, 대한제국 군대를 해산시킨 죄, 교육을 방해한 죄, 한국인들의 외국 유학을 금지시킨 죄, 교과서를 압수해 불태워 버린 죄, 한국인이 스스로 일본인의 보호를 받고자 한다고 세계에 거짓말을 퍼뜨린 죄, 대한제국과 일본 사이에 분쟁이 쉬지 않고 살육이 끊이지 않는데, 대한제국이 태평무사한 것처럼 위로 천황을 속인 죄, 동양 평화를 깨뜨린 죄, 일본 천황의 아버지 고메이를 죽인 죄 등이다."

조선의 안중근이 아니라 세계의 안중근

"천하대세를 걱정하는 청년들이 어찌 팔짱만 끼고 아무런 방책도 없이, 앉아서 죽기를 기다리겠느냐. 이에 나는 생각다 못해 하얼빈의 만인이 보는 앞에서 총 한 방으로 늙은 도적 이토 히로부미의 죄악을 벌해, 뜻있는 동양 청년들의 정신을 일깨운 것이다."

그의 쾌거는 온 세상을 놀라게 하고 침략자 일본의 간담을 서늘하게 했다. 중국의 정신적인 지주인 쑨원은 그의 의거에 송축시를 지어 찬양했다.

"공훈은 삼한을 덮고 이름은 만국에 떨치나니 / 백 세의 삶은 아니나 죽어서 천추에 드리우리 / 약한 나라 죄인이고 강한 나라 재상이라 /그래도 처지를 바꾸어 놓으니 이토 또한 죄인이라."

중국의 근대사상가 장타이옌은 "안중근은 조선의 안중근, 아시아의 안중근이 아니라 세계의 안중근이다."라고 극찬했으며, 그의 의거 후 중국에는 이런 말이 널리 퍼졌다.

"혁명가가 되고 싶다면 쑨원처럼 되고, 대장부가 되고 싶다면 안중근처럼 되어라."

그의 의거로 우리나라는 물론 중국 등 주변국 젊은 청년들에게 용기와 희망의 메시지를 전하고 일제의 침략 만행에 여러 나라가 힘을 합쳐 대응하는 계기를 마련했다. 특히 쑨원은 그의 의거를 계기로 이후 대한민국 임시정부가 수립하는 데에 후원을 아끼지 않았다.

일제강점기 중국에서 활동한 혁명가 김산은 님 웨일즈의 《아리랑》에서 이렇게 말했다.

"춥고 긴긴 겨울밤에 학교 기숙사에서 우리는 수많은 수행원을 데리고 기차에서 내려온 이토 히로부미를 안중근이 하얼빈역에서 어떤 식으로 저격했는가 하는 이야기와 한국 독립을 위해 대담무쌍한 행동을 했던 사람들에 대한 많고 많은 이야기를 나누곤 했다."

옥중 자서전에서 〈동양평화론〉까지

"죽음은 두렵지 않다. 고문도 두렵지 않다. 나의 이성과 심장은 너희들에 의해 병들었다. 죽으면서 나는 기쁘다. 나는 조국 해방의 첫 번째 선구자가 될 것이다."

이 말은 1909년 10월 26일 안중근 의사가 중국 하얼빈에서 이토 히로부미를 저격하고 일본에 체포되어 첫 심문에서 한 진술로, 그해 11월 러시아의 한 일간신문이 보도한 내용이다.

이토 히로부미를 수행했던 남만주철도 수석이사로, 이토 히로부미와 함께 저격 받은 다나카 세이지로는 훗날 안중근의 인물됨을 다음과 같이 말했다.

"지금까지 만난 사람들 중에서 가장 훌륭한 인물은 애석하게도 안중근이다."

안중근 의사는 재판 과정에서 이토 히로부미를 저격한 이유를 정연한 논리와 당당한 태도로 조목조목 진술했는데, 그의 진술에 감복한 일본인 변호인은 이렇게 변론했다.

"그의 범죄 동기는 지식 결핍과 오해에서 나왔다고 할지라도 이토 히로부미를 죽이지 않으면 한국은 독립할 수 없다는 조국에 대한 참된 마음에서 나온 것은 의심할 여지가 없다."

안중근 의사는 32년의 짧은 생애 동안 불의에 당당하게 맞섰고, 조국애와 인류의 보편적인 가치인 평화 구현을 위해 역동적인 삶을 살았다. 독실한 신앙인이자 교육자이고, 사상가이며 의병장으로서 시대가 요구한 민족적 과제 앞에 온몸을 던졌다. 그가 옥중에서 남긴 〈동양평화론〉과 200여 점의 유필은 지금도 우리의 옷깃을 여미게 한다.

또한 옥중 자서전은 그가 1909년 10월 26일(음력 9월 13일) 상오 9시 30분, 하얼빈역에서 대한제국 침략의 원흉 이토 히로부미를 저격한 후 뤼순 감옥에 수감되어 있던 동안, 그해 12월 13일에 집필하기 시작해 이듬해 1910년 순국하기 열흘 전인 3월 15일에 탈고한 것으로, 93일 동안 옥중에서 집필한 것이다. 이 글 안에는 그의 삶은 물론 그가 마주한 현실, 그 안에서 그가 이루려 한 꿈이 그대로 담겨 있다.

천국에서도 독립을 위해 힘쓸 것이니

《대한 독립의 소리가 천국에 들려오면》은 안중근 의사가 순국을 앞두고 자신의 길지 않았던 삶을 담담하고 진솔하게 기록한 옥중 자서전과 〈동양평화론〉을 비롯해 그가 남긴 글들을 모았다. 그의 글들에서 당시 풍전등화와 같은 시대 상황은 물론 그 안에서 우리 민족이 겪은 고난과 고뇌, 그리고 그의 남다른 민족애와 평화 정신을 읽을 수 있다. 이는 시대가 지난 지금도 큰 감동으로 이어진다.

아울러 이 책에 실린, 사형 집행 전 그가 두 동생에게 남긴 마지막 유언은 대한 독립을 향한 그의 정신과 나라를 사랑하는 마음이 고스란히 남아 있다. 시대는 달라도 그가 힘써 나아가고자 했던 길, 그리고 불의에 맞선 삶은 지금도 여전히 빛을 발한다.

"내가 죽은 뒤에 나의 뼈를 하얼빈공원 곁에 묻어 두었다가, 국권이 회복되면 고국으로 옮겨다오. 나는 천국에 가서도 마땅히 우리나라의 독립을 위해 힘쓸 것이다. 너희들은 돌아가서 동포들에게 각자 나라를 위해 책임을 지고 국민 된 의무를 다해, 마음을 같이 하고 힘을 모아 공을 세우고 업을 이루도록 일러다오. 대한 독립의 소리가 천국에 들려오면 나는 마땅히 춤추며 만세를 부를 것이다."

CONTENTS

1부

나의
어린 시절

중근이라는 이름을
얻다

1879년 기묘 9월 2일, 대한국 황해도 해주부 수양산 아래에서 한 남자아이가 태어나니 성은 안, 이름은 중근, 자는 응칠이었다. 중근은 성질이 가볍고 급해 지은 이름이며, 응칠은 가슴과 배에 검은 점이 일곱 개여서 붙였다.

할아버지의 존함은 안인수로, 성품이 어질고 후덕하셨으며, 살림이 넉넉해서 도내에 자선가로 널리 알려졌다. 그분은 일찍이 진해 현감을 지내며 아들 여섯과 딸 셋을 두었는데, 태진, 태현, 태훈, 태건, 태민, 태순 6형제는 모두 글을 잘했고 너그러운 성품이다. 그중에서도 나의 아버지인 태훈은 재주와 지혜가 뛰어나 8, 9세 때 이미 사서삼경을 깨우쳤고, 13, 14세 때에 과거 공부와 사륙병려체의 문장을 익혔다.

아버지가 《자치통감》을 읽을 때, 선생님이 책을 펴고 글자 한 자를 가리키며 물었다.

"이 글자에서부터 열 장 뒤에 있는 글자가 무엇인지 알 수 있겠느냐?"

이에 아버지가 생각한 뒤에 대답했다.

"알 수 있습니다. 그 글자는 필시 하늘 천(天)일 것입니다."

이리저리 살펴보았더니 말 그대로였다.

선생님은 이를 기이하게 여겨 다시 물었다.

"이 책을 거슬러 올라가도 알 수 있겠느냐?"

"예, 알 수 있습니다."

이렇게 여러 번 물었으나 전혀 틀리지 않았다. 보는 이들마다 칭찬하지 않는 사람이 없었고 신동이라 일컬었다. 그로부터 소문이 널리 알려졌다.

중년에 과거에 급제해 진사가 되고, 조마리아에게 장가들어 아들 셋과 딸 하나를 낳으시니 맏이가 나 중근, 둘째는 성녀, 셋째는 정근, 넷째는 공근이었다.

수양산에서
청계동으로

1884년 갑신년, 경성에 머물 때였다. 박영효가 나라의 형세가 위태롭고 어지러운 것이 걱정스러워 나라를 혁신하고 국민을 개명시키고자 준수한 청년 70여 명을 선발해 외국 유학을 보내려 했는데, 아버지도 그중 한 명이었다.

슬프구나. 간신배들이 박영효가 반역을 저지른다며 모함해, 병사를 보내어 그를 잡으려 했다. 그때 그는 일본으로 피신하고, 동지와 학생들은 죽임을 당하거나 붙잡혀 멀리 귀양을 가기도 했다.

이때 아버지는 몸을 피해 고향으로 돌아와 숨어 살며 할아버지와 의논했다.

"나랏일이 날로 잘못되어 가니 부귀공명은 바랄 것이 못 됩니다."

이어 가족에게 말했다.

"산중으로 들어가 밭이나 갈고 고기나 낚으며 세상을 마치는 것만 같지 못하다."

집안 살림을 정리한 후 80여 명이나 되는 대가족을 이끌고 신천군 청계동 산속으로 이사를 갔다. 그곳 지형은 험준하지만 논밭이 갖추어 있고 경치가 아름다워 별천지라 할 만했다. 당시 내 나이 6, 7살이었다.

조부모의 사랑을 받으며 서당에 들어가 8, 9년 동안 학문을 익혔다. 14살 되던 무렵에 할아버지가 돌아가셔서 나는 애통한 나머지 병을 앓다가 반년이 지난 뒤에야 몸을 추슬렀다.

죽음을 면한
첫 번째 고비

나는 어려서부터 사냥을 즐겨, 언제나 사냥꾼을 따라다녔다. 장성해서는 총을 메고 산에 올라 새와 짐승들을 사냥하느라 학문에 힘쓰지 않아 부모와 선생님들이 그런 나를 엄하게 꾸짖기도 했으나 끝내 따르지 않았다.

이런 나를 친한 친구들이 걱정했다.

"너희 부친은 문장으로 세상에 이름을 떨쳤는데 너는 어째서 무식한 하등인이 되려 하느냐?"

그 말에 나는 이렇게 대꾸했다.

"그 말도 옳다. 그러나 내 생각은 다르다. 옛날 초패왕 항우가 말하기를 '글은 이름이나 적을 줄 알면 그만'이라고 했는데, 초패왕의 명예가 오히려 천추에 남아 전해지고 있지.

나도 학문으로 세상에 이름을 드러내고 싶지 않다. 자네들도 장부요 나도 장부이니 더는 나를 설득하지 마라."

3월 어느 날이었다. 친구들과 함께 산에 올라 경치를 구경하다 절벽 위에 이르러 꽃이 탐스러워 꺾으려 했는데, 그만 발을 헛디뎌 낭떠러지 아래로 미끄러졌다.

마음을 가다듬어 손을 내밀었고, 다행히 나무 한 그루를 겨우 쥐어 잡았다. 겨우 사방을 둘러보니, 조금만 더 아래로 굴러 떨어졌더라면 뼈가 부스러지고 온몸이 상처투성이가 되어 살아날 가망이 없을 뻔했다. 얼굴이 흙빛인 산 위의 친구들이 밧줄을 내려 나를 끌어 올렸는데, 상처 한 군데도 없이 땀만 흠뻑 젖어 있었다. 서로 손을 잡고 기뻐하며, 천지신명께 감사하면서 집으로 돌아왔다.

이것이 죽음을 면한 첫 번째 고비였다.

2부

—

갑오년의
소용돌이

동학당의 횡포에
맞서다

1894년 갑오년에 내 나이 16살로, 김아려에게 장가들어 아들 둘과 딸 하나를 낳았다. 그 무렵 여러 지방에서는 이른바 동학당(오늘날 일진회의 전신)이 곳곳에서 벌떼처럼 일어나 외국인을 배척한다는 핑계로 여러 지방을 돌아다니면서 관리들을 죽이고 백성의 재산을 약탈했다. 이 일이 장차 일본과 청국, 러시아가 개입해 나라가 위태로운 원인이 되었다.

관군이 그들을 진압할 수 없어 청국 군대가 들어오고 일본군도 건너와, 두 나라 군대가 서로 충돌해 마침내 큰 전쟁(청일전쟁)이 되고 말았다.

아버지는 동학당의 횡포를 견디다 못해 동지와 포수들을 불러 모으고 격문을 뿌리셨다. 이 의거 대열에 가족들까지 들어와 정병이 70명이나 되었으며, 청계산에 진을 치고 동학당에 항거했다.

그때 동학당의 우두머리 원용일이 도당 2만여 명을 이끌고 기세등등하게 쳐들어왔다. 동학당의 깃발과 창이 햇빛을 가리고, 북소리와 고함소리가 천지를 뒤흔들었다. 이에 반해 의병은 그 수가 70여 명을 넘지 못해 달걀로 바위를 치는 것과 같아 모두 겁을 먹고 어찌할 줄을 몰랐다.

12월, 갑자기 비바람이 몰아쳐 앞뒤를 분간하기 어려워졌다. 갑옷이 모두 젖어 추위를 이기지 못한 동학군은 10여 리쯤 진지를 물러 근처 마을에서 밤을 지새웠다.

그날 밤, 아버지는 여러 장수와 함께 의논한 다음 곧 명령을 내리셨다.

"만일 내일까지 이처럼 앉은 채로 적병의 포위 공격을 받으면 적은 군사로 적의 많은 군사를 대항하기 어려우니 오늘 밤 우리가 먼저 습격하는 길밖에 없다."

동학당의 진지
속으로

닭이 울자 새벽밥을 지어먹고, 정병 40명을 뽑아 출발시키고 남은 병사들은 본진을 수비하게 했다.

그때 나는 동지 6명과 함께 지원하고 나서서 선봉 겸 정탐대로 적병 지휘소가 있는 곳 가까이에 다다랐다.

숲속에 숨어 적진의 형세를 살펴보니 깃발이 바람에 펄럭이고 불빛이 하늘에 치솟아 대낮 같았지만 사람과 말들이 소란하기만 할 뿐 기강은 없어 보였다.

동지들을 돌아보았다.

"지금 적진을 습격하면 반드시 큰 공을 세울 것이다."

하지만 모두들 걱정하는 표정이었다.

"얼마 안 되는 군사로 어찌 적의 수만 대군과 겨룰 수 있겠는가."

"그렇지 않다. 병법에 이르기를 적을 알고 나를 알면 백 번 싸워 백 번 이긴다고 했다. 적의 형세를 보니 오합지졸이 모인 질서 없는 군중이다. 우리 7명이 마음을 같이 하고 힘을 합하면 저런 무리는 비록 백만 대군이라고 해도 두려울 것 없다. 아직 날이 밝지 않았으니 날쌔게 쳐들어가면 파죽지세가 될 것이다. 그러니 그대들은 망설이지 말고 나를 따르라."

그러자 모두가 응해 계획을 완전히 끝냈다.

호령 한마디에 7명 모두가 적진을 향해 사격하자 포성은 천지를 뒤흔들고 탄환은 우박처럼 쏟아졌다. 적병은 기습 공격에 미처 손을 쓸 수 없었다. 갑옷도 입지 못하고 병기도 들지 못한 채 서로 밀치고 밟으며 산과 들로 흩어져 달아나 우리는 기세를 몰아 추격했다.

이윽고 동이 텄다. 적병은 그때서야 우리 형세가 외롭고 약한 줄 알아차리고 사면에서 에워싸고 공격하자 우리 형세가 극히 위험해져 빠져나올 길이 없었다.

그때 갑자기 등 뒤에서 포성이 울리며 한 무리의 군사들이 달려와 적을 공격하자 적병이 달아나 포위망에서 빠져나왔다. 본진의 지원병들이 우리를 구원해준 것이다.

두 진이 합세해 추격하자 적병은 사방으로 흩어져 도망갔다. 전리품을 거두니 무기와 탄약이 수십 발이었고, 말도 그 수를 헤아릴 수 없었으며, 군량도 천여 포대였다. 적병의 사상자도 수십 명이었으나 우리 의병들은 한 사람도 다치지 않았다. 이는 하늘이 도운 것이라 생각하고 만세를 부른 후 돌아와 황해도 관찰부에 급히 승전 보고를 알렸다. 이때 일본 위관 스즈키라는 자가 군대를 이끌고 지나가다가 서신을 보내 축하의 뜻을 표하기도 했다.

이후 적병은 멀리 달아나 다시는 싸움이 없었고, 차츰 잠잠해져 나라 안이 태평해졌다.

나는 그 싸움 뒤에 큰 병에 걸려 고생한 끝에 겨우 죽음을 면했으며, 그때부터 지금에 이르도록 15년 동안 병치레 한 번 하지 않았다.

빼앗긴 자
빼앗은 자

사냥이 끝나면 토끼 사냥에 애쓴 개를 잡아먹으려 들고, 내를 건너갈 때 요긴하게 쓴 지팡이도 건너가서는 내동댕이친다고 하는가. 그 이듬해 을미년 여름에 두 사람이 찾아와 아버지에게 이런 말을 했다.

"작년 전쟁 때 실어 온 천여 포대의 곡식은 원래 동학당 것이 아니오. 그 절반은 탁지부 대신 어윤중이 사 두었던 것이고, 또 절반은 전 선혜청 당상 민영준의 농장에서 추수해 들인 곡식이니 지체하지 말고 그대로 돌려 드리시오."

아버지는 웃으며 대답하셨다.

"어 씨, 민 씨 두 분의 쌀은 내가 알 바 아니오. 동학당의 진중에 있던 것을 빼앗아 온 것이니 그대들은 다시는 그런 무례한 말을 하지 마시오."

그러자 두 사람은 아무 대답도 없이 돌아갔다.

하루는 경성에서 급한 편지 한 장이 왔다.

"지금 탁지부 대신 어윤중과 민영준 두 사람이 잃어버린 곡
식을 찾을 욕심으로 황제 폐하께 '안 모가 귀중한 국고금과
무역해 들여온 쌀 천여 포대를 까닭 없이 도둑질했기 때문에
사람을 시켜 조사한 바, 그 쌀로 병사 수천 명을 길러 음모를
꾸미려 하고 있사오니 만일 군대를 보내어 진압하지 않으면
국가에 큰 환난이 있을 것입니다'라고 무고해, 곧 군대를 파
견하려 하고 있으니 빨리 서울로 올라와 대책을 세우시오."

전 판결사 김종한이 보낸 것이었다.

아버지는 그 편지를 읽고 곧 길을 떠나 경성에 이르러 알아
보니 과연 내용과 같아, 사실을 들어 법관에 호소하셨다. 두
서너 번이나 재판을 했으나 끝내 판결을 보지 못했다.

그러던 중 김종한도 정부에 건의했다.

"안 모는 본시 도적의 무리가 아닐 뿐더러 의병을 일으켜
도적들을 무찌른 국가의 큰 공신이니 마땅히 그 공훈을 표창
해야 할 일이거늘, 도리어 당치도 않은 말로 모함할 수가 있
겠습니까."

그러나 어윤중은 끝내 들어주지 않았지만, 뜻밖에 그가 민란을 만나 난민들의 돌에 맞아 참혹하게 죽어 그의 모략도 끝나고 말았다.

독사가 물러나자 맹수가 다시 나오는 격으로 이번에는 민영준이 새로 일을 꾸며 해치려 들었다. 민 씨는 세력가라 사태가 위급해지고 어찌할 방법이 없어, 천주교당으로 몸을 피해 있었다. 다행히 프랑스 사람들이 몇 달 동안 보호해주어 그 일도 끝이 나 무사할 수 있었다.

교당에 머무는 동안 강론도 듣고 성서도 많이 읽어 진리를 깨닫고 입교했다. 그 뒤에 복음을 전파하고자 교회 안의 박학사인 이보록과 함께 많은 경서를 싣고 고향으로 돌아왔다. 당시 내 나이 17살 내지 18살로, 기골이 장대해 어떤 일이라도 남에게 뒤지지 않았다.

즐기지만 부끄러운
일

내가 평생 즐기던 일이 네 가지가 있었다. 친구와 의를 맺는 것, 술 마시고 춤추고 노래하는 것, 총으로 사냥하는 것, 날쌘 말을 타고 달리는 것이었다. 그래서 멀고 가까운 곳을 가리지 않고 의협심 있고 사나이다운 사람이 어디서 산다는 말만 들으면 언제라도 말을 달려 찾아갔다. 그가 동지가 될 만하면 밤새 토론하고 유쾌하게 술을 마시며 춤도 추거나 기생집에서 놀기도 했다. 그리고 기생을 나무라곤 했다.

"빼어난 용모로 좋은 남자와 짝을 지어 같이 늙는다면 얼마나 좋은 일이겠느냐. 너희들이 어쩌자고 돈 소리만 들으면 정신을 잃고 오늘은 장 씨, 내일은 이 씨에게 몸을 맡기느냐."

내 말을 기생들이 수긍하지 않고 고까워하는 태도를 보이면 나는 욕을 퍼붓기도 하고 매질도 했기 때문에 친구들은 그런 나를 '번개입'이라고 불렀다.

하루는 동지 6, 7명과 노루 사냥을 하는데 공교롭게도 탄환이 총구멍에 걸렸다. 빼낼 수도 없고 들이밀 수도 없어, 쇠꼬챙이로 마구 쑤셔댔다. 그랬더니 "쾅" 하는 소리에 혼비백산해 목숨이 살았는지 죽었는지 모를 정도로 정신을 잃었다. 겨우 정신을 차려 살펴보니, 탄환이 폭발해 쇠꼬챙이가 탄환과 함께 내 오른손을 뚫고 날아갔고 나는 곧바로 병원으로 가서 치료를 받았다.

그로부터 지금까지 10년 동안 꿈속에서라도 그때 놀랐던 일에 생각이 미치면 모골이 송연해진다. 그 뒤 또 한 번은 남이 잘못 쏜 엽총 산탄이 내 등에 박히는 일이 있었으나 중상은 아니었고, 곧바로 총알을 빼내 다행이었다.

3부

—

천주교에
입교하다

형제들에게 할말이
있소이다

그 무렵 아버지는 열심히 복음을 전파하셔서 천주교에 입교하는 사람들이 날마다 늘어 갔다. 우리 가족들도 모두 천주교를 믿었고 나 역시 프랑스 선교사 홍석구 신부에게서 영세를 받고 세례명을 도마(토머스의 한자 표기)라 했다.

교리를 배우고 토론하며 여러 달을 지나 신심이 굳어지고 독실하게 믿어 천주 예수 그리스도를 착실히 믿고 숭배하며 몇 해를 지냈다.

당시 교회의 사무를 확장하기 위해 나는 홍 신부와 함께 여러 고을을 다니며 전도하고 군중들에게 연설했다.

형제들이여! 할말이 있으니 꼭 내 말을 들어주시오.

만일 어떤 사람이 혼자서만 맛있는 음식을 먹고 그것을 가족들에게 나누어주지 않는다거나 재주가 있는데도 남을 가르치지 않는다면, 그것을 과연 동포의 도리라 할 수 있겠소? 지금 내게 별미가 있어 그 음식은 한 번 먹기만 하면 장생불사하고, 또 내게 특별한 재주가 있어 이 재주를 한번 통하기만 하면 능히 하늘로 날아 올라갈 수 있기에 그것들을 가르쳐 드리려는 것이니 여러 동포들은 귀를 기울이고 들으시오.

무릇 천지 만물 가운데 오직 사람이 가장 귀하다고 하는 것은 혼이 신령하기 때문이오. 혼에는 세 가지가 있는데, 첫째는 생혼이니 그것은 초목의 혼으로서 생장할 수 있는 혼이고, 둘째는 각혼이니 그것은 금수의 혼으로서 지각할 수 있는 혼이며, 셋째는 영혼이니 그것은 사람의 혼으로서 생장하고, 지각하고, 잘잘못을 분별하고, 도리를 토론하고, 만물을 맡아 다스릴 수 있기 때문에, 오직 사람만이 가장 귀하다 하는 것이오.

사람이 만일 영혼이 없다고 하면 짐승만 같지 못할 것이오. 왜냐하면 짐승은 옷이 없어도 추위를 견디고 직업이 없어도 먹을 수 있고 날거나 달릴 수도 있어 재주와 용맹이 사람보다 낫기 때문이오. 그러나 이 많은 동물이 사람의 지배를 받는 것은 그것들의 혼이 신령하지 못하기 때문이오.

　영혼의 귀중함은 이것으로도 알 수 있는 일인데, 이른바 천명의 본성은 지극히 높은 천주께서 사람의 태중에 불어넣어 준 것으로, 영원히 죽지도 멸하지도 않는 것이오

거룩한 주재자를
위하여

그러면 천주는 누구인가? 한 집안에는 그 집의 주인이 있고 한 나라 안에는 임금이 있듯이 이 천지 위에는 천주가 계시어 시작도 없고 끝도 없이 삼위일체로서 어떤 일에나 못함이 없으시며, 모든 것을 다 아시고, 오로지 선하시고, 지극히 공평하시며, 더없이 올바르시니, 천지 만물, 일월성신을 만들어 이루시고, 착하고 악한 것을 상 주고 벌을 주시는, 오직 하나요 둘이 없는 큰 주재자가 바로 그분이오.

만일 한 집안의 아버지가 집을 짓고 재산을 마련해 아들에게 주어 쓰게 했는데 그 아들이 제가 잘난 척하고 어버이를 섬길 줄 몰라 불효막심하다면 그 죄가 중하다 할 것이오. 또 한 나라의 임금이 정치를 공정히 하고 백성의 생업을 보호해 모든 백성이 태평을 누릴 수 있는데 그 백성이 그 명령에 복종할 줄 모르고 충성하고 애국하는 성품이 없다면 그 죄는 가장 중하다 할 것이오.

이 천지간에 큰 아버지요 큰 임금이신 천주께서 하늘을 만들어 우리를 덮어주시고, 땅을 만들어 우리를 떠받쳐주시고, 해와 달과 별을 만들어 우리를 비추어주시고, 만물을 만들어 우리로 하여금 쓰게 하시니 실로 그 크신 은혜가 막중하오. 그런데 사람들이 망령되이 제가 잘난 척, 충효를 다하지 못하고 근본에 보답하는 의리를 잊어버린다면 그 죄는 비길 데 없이 크니 어찌 두려운 일이 아니며 어찌 삼갈 일이 아니겠소. 그래서 공자도 하늘에 죄를 지으면 빌 데도 없다고 말했소.

천주님은 지극히 공정해 착한 일에 갚아주지 않는 일이 없고 악한 일에 벌하지 않는 일이 없거니와, 죄의 심판은 몸이 죽는 날 하는 것이라, 착한 사람은 영혼이 천당에 올라가 영원무궁한 즐거움을 받을 것이며, 악한 사람은 영혼이 지옥으로 떨어져 영원히 고통을 받을 것이오.

한 나라의 임금도 상을 주고 벌주는 권세를 가졌거늘 하물며 천지를 다스리는 거룩한 큰 임금이신 천주님이야 어떠하겠소.

다만 그 몸을
기댈 뿐

혹시 어째서 천주님은 살아 있는 현세에서 착하고 악한 것을 상 주고 벌주지 않느냐고 하겠지만 그것은 그렇지 않소. 이 세상에서 주는 상벌은 한정이 있지만 선악에는 한이 없는 것이오. 만일 어떤 사람이 한 사람을 죽여 시비를 판별할 때 죄가 없으면 그만이려니와 죄가 있어도 그 한 사람만 다스리면 족한 것이오.

그러나 어떤 사람이 여러 천만 명을 죽인 죄가 있다면 어찌 그 한 몸뚱이만으로 대신할 수 있겠소. 그리고 어떤 사람이 천만 명을 살린 공로가 있을 때 어찌 잠깐의 영화로 그 상을 다했다 할 수 있겠소.

더구나 사람의 마음은 때에 따라 변하는 것이어서 혹 지금은 착하다가도 다음에는 악한 일을 짓기도 하고, 오늘은 악하다가도 내일은 착해지는 것이니, 그때마다 상벌을 주기로 한다면 이 세상에서 인류가 보전하기 어려울 것이 분명하오.

또 이 세상 벌은 다만 그 몸을 다스릴 뿐 그 마음을 다스리지 못하는 것이지만 천주님의 상벌은 그렇지 않소.

모든 것을 다 아시고, 오로지 선하시고, 지극히 공평하시며, 더없이 올바르시기 때문에 사람의 목숨을 너그러이 기다려 주었다가 세상을 마치는 날 선악의 가볍고 무거움을 심판한 연후, 죽지 않고 멸하지도 않는 영혼으로 하여금 영원무궁한 상벌을 받도록 하는데, 상은 천당의 영원한 복이며, 벌은 지옥의 영원한 고통으로, 천당에 오르고 지옥에 떨어지는 것을 한번 정하고는 다시 변동이 없는 것이오.

사람의 목숨은 길어야 100년을 넘지 못하며, 또 어진 사람이나 어리석은 사람이나 귀하고 천한 것을 물을 것 없이 누구나 알몸으로 이 세상에 태어났다가 알몸으로 뒷세상으로 돌아가는 것이니, 이것이 이른바 빈손으로 왔다가 빈손으로 돌아간다는 것이오.

세상일은 이처럼 헛된 것인데, 이를 알면서 왜 허욕의 구렁텅이에서 허우적거리며 악한 일을 하고도 깨닫지 못하는지, 나중에 뉘우친들 무엇 하리오.

주관하는 이가
없다면

만일 영혼도 몸이 죽을 때 같이 따라 없어지는 것이라면, 잠깐 사는 세상에서 잠깐 동안의 영화를 꾀함직 하지만, 영혼은 죽지 않고 없어지지도 않으며, 천주님의 지극히 높은 권한은 불을 보는 것처럼 명확하오.

옛날 요 임금이 '저 흰 구름을 타고 제향(하느님이 있다는 곳)에 이른다면 다른 무슨 생각이 있으리오' 한 것이나, 우임금이 '삶은 붙어 있는 것이요, 죽음은 돌아가는 것'이라 한 것과 '혼은 올라가는 것이요, 넋은 내려가는 것'이라 한 것은 모두 다 영혼은 멸하지 않는다는 뜻으로, 만일 사람들이 천당과 지옥을 보지 못했다 해서 그것이 있는 것을 믿지 않는다면, 그것은 유복자가 아버지를 보지 못했다고 해서 아버지

있는 것을 믿지 않는 것과 같고, 소경이 하늘을 보지 못했다고 해서 하늘에 해가 있는 것을 믿지 않는 것과 무엇이 다를 것이오. 또 화려한 집을 보고서 그 집을 지을 때 보지 않았다고 해서 그 집을 지은 목수가 있었던 것을 믿지 않는다면 어찌 웃음거리가 되지 않겠소.

이제 저 하늘과 땅과, 해와 달과 별들의 넓고 큰 것과 날고 달리는 동물, 식물 등 기기묘묘한 만물이 어찌 지은이 없이 저절로 생성할 수 있을 것이오. 만일 저절로 생성하는 것이라면 해와 달과 별들이 어째서 어김없이 운행하며 봄과 여름, 가을, 겨울이 어째서 틀림없이 돌아갈 수 있을 것이오. 비록 집 한 칸, 그릇 한 개도 그것을 만든 사람이 없다면 생겨날 수 없는데, 하물며 하찮은 기계마저 주관하는 이가 없다면 어찌 저절로 운전될 이가 있겠소.

그러므로 믿고 믿지 않는 것은 보고 보지 못한 데 달린 것이 아니라 이치에 맞고 맞지 않는 것에 달렸을 따름이오.

이러한 증거를 들어 지극히 높은 천주님의 은혜와 위엄을 믿어 의심하지 않고 몸을 바쳐 신봉하며, 만일에 대응하는 것이야말로 인류의 당연한 본분인 것이오

천국으로 들어가는
문

 지금으로부터 1,800여 년 전에 지극히 어진 친주님이 이 세상을 불쌍히 여겨, 만인의 죄악을 속죄해 구원하고자 천주님의 둘째 자리인 성자를 동정녀 마리아의 뱃속에 잉태하게 해 베들레헴에서 탄생시키니 그를 예수 그리스도라 했소.

 그가 세상에 머무른 33년 동안 사방을 두루 다니며 사람들의 허물을 뉘우치게 하고 신령한 행적을 많이 행했소. 이로써 소경은 눈을 뜨고, 벙어리는 말을 하고, 귀머거리는 듣고, 문둥이가 낫고, 죽은 사람이 되살아나, 이 소문을 듣고 따르지 않는 사람이 없었소.

 그중에서도 12인을 가려 제자로 삼고 특히 한 사람을 뽑으니 이름은 베드로라. 그를 교종으로 삼아 장차 그 자리를 대신하게 하고자 권한을 맡기고 규칙을 정해 교회를 세웠던 것이오.

지금 이탈리아 로마에 계신 교황은 베드로로부터 전해 내려오는 자리로서 전 세계 천주교인들이 모두 그를 우러러 받들고 있소.

그 당시 예루살렘에서 옛 교를 믿던 사람들이 예수의 착한 일을 미워하고 권능을 시기해 무고로 잡았다가 무수히 고문하고 온갖 고난을 가한 다음 십자가에 못 박힐 때, 예수는 하늘을 향해 '만인의 죄악을 용서해주소서' 하고 기도한 뒤에 큰 소리 한 번에 숨이 끊어졌소.

그때 천지가 진동하고 햇빛이 어두워지니 사람들이 모두 놀라 '하느님의 아들'이라 일컬었고, 제자들은 그 시신을 거두어 장사지냈소.

예수는 사흘 뒤에 다시 살아나 무덤에서 나와 제자들에게 나타나 40일 동안 같이 지내며 죄를 사하는 권한을 전하고 무리들을 떠나 하늘나라로 올라가셨소.

제자들은 하늘을 향해 예배하고 돌아와 세계를 두루 돌아다니며 천주교를 전파하니 오늘에 이르기까지 1,800여 년 동안 신도들이 몇억 명이 되는지 알지 못하고 천주교의 진리를 전파하기 위해 목숨을 바치려는 이들도 몇 백만 명인지도 모르오.

지금 세계 문명국의 박사들과 학사들 중 예수 그리스도를 믿지 않는 사람이 없소. 그러나 지금 세상에는 위선의 탈을 쓴 종교도 많은데, 예수 그리스도께서 미리 제자들에게 예언하기를, '훗날 반드시 위선하는 자가 있어 내 이름으로 민중을 감화시킨다고 할 것이니, 너희들은 그런 잘못에 빠져들지 말라. 천국으로 들어가는 문은 단지 교회의 문 하나밖에 없다'고 했소.

원컨대 우리 대한의 모든 동포 형제자매들은 크게 깨닫고 용기 내어 지난날의 허물을 참회함으로써 천주님의 제자가 되어 현세를 도덕 시대로 만들어 모두 태평을 누리다가, 죽은 뒤에 천당에 올라가 영생을 함께 누리기를 천만 번 바라오.

이렇게 설명했는데, 이들 중 믿는 사람도 있었고 믿지 않는 사람도 있었다.

4부

—

의협 청년

무엇을 두렵다
하는가

교세가 차츰 확장해 교인이 수만 명에 이르고 선교사 여럿이 황해도에 와서 머물고 있었다.

당시 나는 홍 신부에게서 프랑스 말을 배웠으며 서로 의논하기도 했다.

"이제 대한 교인들이 학문에 어두워 교리를 전도하는 데 어려움이 적지 않습니다. 하물며 국가의 앞날을 말하지 않아도 짐작할 만합니다. 민 주교에게 말씀해서 서양 수사회 중에서 박식한 선비 몇 사람을 모셔 와서 대학교를 설립한 뒤에, 국내에 재주가 뛰어난 자제들을 교육시킨다면 몇십 년이 가지 않아 반드시 큰 효과가 있을 것입니다."

이렇게 계획을 세워 홍 신부와 함께 서울로 가 민 주교를 만나 그 의견을 제출했다. 이에 주교가 거절했다.

"한국인이 만일 학문을 하면 교 믿는 일에 좋지 않을 것이니, 다시는 그런 말을 꺼내지 마시오."

여러 번 권고했으나 끝내 들어주지 않았다. 어찌 할 길이 없어 고향으로 돌아오긴 했으나 분함을 참지 못하고 마음속으로 다짐했다.

'교의 진리는 믿을지언정 외국인은 믿을 것이 못 된다.'

그러고는 프랑스 말을 배우던 것도 중지했다.

한 친구가 물었다.

"무엇 때문에 외국어를 배우지 않는가?"

"일본말을 배우는 자는 일본의 종이 되고, 영어를 배우는 자는 영국의 종이 된다. 내가 프랑스 말을 배우다가는 프랑스 종놈을 면하지 못할 것이다. 그래서 그만둔 것이다. 만일 우리 대한이 세계에 국력을 떨친다면 세계 사람들이 우리말을 배울 것이니 그대는 조금도 걱정하지 말게."

그러자 그는 조용히 물러가고 말았다.

당시 금광에 감리로 있던 주 아무개라는 자가 천주교를 비방해 선교에 지장이 생기자, 내가 대표로 선정되어 그가 있는 곳까지 갔다. 그에게 옳고 그름을 따져 질문하는 중에 금광

일꾼 400 내지 500명이 제각기 몽둥이와 돌을 가지고, 옳고 그른 것을 묻지도 않고 달려들다 보니 위급해 어찌할 바를 몰랐다.

나는 허리춤에 차고 있던 단도를 뽑아 들고 다른 손으로는 주 아무개의 손을 잡고 큰 소리로 꾸짖었다.

"네가 비록 많은 일꾼을 거느리고 있다 해도 네 목숨은 내 손에 달렸으니 알아서 해라."

그러자 그가 크게 겁내어 좌우를 꾸짖어 물리쳐 일꾼들은 내게 손을 대지 못했다.

그를 끌고 나와 10여 리까지 동행한 뒤에 돌려보내고 나 역시 무사히 돌아왔다

출표식장의
소란

그 뒤에 내가 만인계(채표 회사. 일종의 복권 회사) 사장에 피선되어 출표식을 거행하는 날, 계장 마당에 많은 사람이 참석해 인산인해를 이루었다.

계를 하는 장소는 가운데 있어 임원들이 함께 있었으며, 문마다 순경들이 지켜 보호해주었다.

그때 표 뽑는 기계가 고장 나서 1장씩 나와야 될 표가 5, 6장이 한꺼번에 쏟아져 나왔다. 이것을 본 많은 사람들이 잘잘못을 가리지 않고 협잡한 짓이라며 고함을 지르고 돌멩이와 몽둥이가 비 오듯 날아왔다.

경비를 보던 순경은 사방으로 달아나 흩어지고 임원들도 다치거나 모두 도망치고 남아 있는 사람은 나 혼자뿐이었다.

"사장을 쳐 죽여라!"

군중들은 고함을 지르고 돌을 던지며 달려들어 목숨이 경각에 달린 지경이었다.

생각해보니 사장이 도망간다면 회사는 다시 일어날 수 없을 테고, 더구나 훗날 명예가 어찌 될지 말하지 않아도 알 수 있었다. 그러나 형세가 다급해진 나는 급히 행장 속에서 총을 꺼내어 계단 위로 올라가 군중을 향해 크게 외쳤다.

"왜 이러시오? 잠깐 내 말을 들으시오. 무엇 때문에 나를 죽이려는 거요? 그대들이 시비곡절도 가리지 않고 소란을 피우고 난동을 부리니 세상에 어찌 이와 같은 야만적인 행동이 있을 수 있단 말이오. 그대들이 나를 해치려 하지만 나는 아무 죄가 없소. 어찌 까닭 없이 목숨을 버릴 수 있을 것이오. 나는 결코 죄 없이 죽지는 않을 것이오. 만일 나와 목숨을 겨룰 자가 있으면 앞으로 나서시오!"

이렇게 말하자 모두 겁을 집어먹고 다시는 소란을 피우는 자가 없었다.

그곳에서 만난
동지

군중 속에서 한 사람이 뛰쳐나와 내 앞에 우뚝 서서 나를
꾸짖었다.

"너는 사장이 되어 수만 명을 청해놓고는 이렇게 사람을 죽
이려는 것이냐?"

문득 그 사람됨을 보니 기골이 건장하고 목소리도 우렁차
일대의 영웅이라 할 만했다. 단 아래로 내려와 그의 손을 잡
고 인사했다.

"노여워 말고 내 말을 들으시오. 지금 분위기가 이렇게 된
것은 내 본의가 아니오. 기계 사정으로 일어난 일이 공연히
큰 소란을 번진 것이오. 다행히 형씨가 내게 이 위기를 벗어
날 수 있도록 해주었소. 옛 글에 죄 없는 사람을 죽이면 그

화가 천세에 미치고 죄 없는 사람을 살려주면 그 음덕이 만대에 미친다 했소. 성인이 성인을 알아보고 영웅이라야 능히 영웅과 사귈 수 있는 것이오. 형씨와 내가 이로부터 백 년의 교분을 맺는 것이 어떠하오?"

"좋소."

이렇게 말한 그는 군중을 향해 외쳤다.

"사장은 죄가 없소! 만일 사장을 해치려는 자가 있으면 내 주먹이 용서하지 않을 것이오!"

그러고는 두 손으로 물결을 밀치듯 군중을 헤치고 나가자 소란을 피우던 군중도 흩어지기 시작했다. 나는 비로소 마음을 놓고 다시 단 위로 올라가 큰 소리로 남아 있던 군중을 안정시킨 뒤 타일러 설명했다.

"오늘 일은 공교롭게도 기계 고장으로 생긴 일이니 여러분께서 용서해주는 것이 어떠하오?"

그러자 군중도 모두 좋다고 했다. 오늘 출표식 행사를 질서 정연하게 마쳐야 남의 웃음거리를 면할 것이다. 그래서 나는 다시 시작해 마무리하자고 제의했더니 모두 손뼉을 치며 응낙해 출표식을 무사히 끝마칠 수 있었다.

그 뒤 출표식 날 만난 은인과 성명을 통했더니 성은 허 씨,

이름은 봉으로, 함경북도 사람이었다. 나는 그의 은혜에 감사한 다음 형제의 의를 맺고 술자리를 마련했더니 독한 술을 여러 잔 마시고도 조금도 취한 빛이 없었다.

그의 팔 힘을 시험해보았더니, 개암나무 열매와 잣 수십 개를 손바닥에 놓고 두 손바닥을 맞대고 갈자 맷돌로 눌러 간 것처럼 가루가 되었다. 이를 본 이들이 모두 탄복했다.

"주량은 이태백보다 낫고, 힘은 항우에 모자라지 않고, 술법은 좌좌에 비길 만하다."

며칠 동안 같이 즐기다가 서로 헤어진 뒤로 몇 해 동안 그가 어떻게 되었는지 알지 못한다.

5부

—

힘 있다고
모두 옳은가

이 억울함을
풀어주소서

그 무렵 두 가지 사건이 있었다.

하나는 옹진 군민이 경성에 사는 전 참판 김중환에게 돈 5천 냥을 빼앗긴 일이고, 다른 한 가지는 이경주의 일이다. 이 씨는 본적이 평안도 영유군 사람으로 직업은 의사인데, 황해도 해주부에 살면서 천민으로 부자가 된 유수길의 딸과 결혼해 딸 하나를 낳았다. 수길은 이 씨에게 집과 전답 등 많은 재산과 노비를 주었다.

당시 해주부 지방 대병영 위관 한원교라는 자가, 이 씨가 상경한 틈을 타 그 아내를 꾀어 간통하고, 수길을 위협해 집과 세간을 빼앗은 뒤에 그 집에 버젓이 살고 있었다. 이 씨가 소문을 듣고 본가로 돌아왔는데, 한원교가 병사를 시켜 이 씨를 구타하고 내쫓았다.

이 씨는 타향에서 외로운 처지라 어찌할 방법이 없어서, 상경해 육군법원에 호소하고 재판을 7, 8차 진행했다. 하지만 한원교는 벼슬만 면직되었을 뿐, 이 씨는 아내와 재산을 되찾지 못했다. 한원교는 그 여인과 함께 가산을 정리한 후 상경해 살고 있었다.

이 씨가 교회에 다니고 있어서, 내가 대표로 두 사람과 함께 상경해 이 일에 관여했다.

그것이 죄가 아니면
무엇을 벌하겠소

  먼저 김중환을 찾아가보았더니 귀한 손님들이 한 방에 앉았는데, 나도 주인과 인사하고 성명을 통한 뒤에 자리를 잡고 앉았다.

  김중환이 먼저 물었다.

  "무슨 일로 찾아왔는가?"

  "나는 본시 시골에 사는 어리석은 백성이라 세상물정이나 법을 잘 몰라 문의하러 찾아왔습니다."

  "무슨 일을 물으러 왔는가?"

  "만일 경성에 있는 한 대관이 시골 백성의 재산 몇천 냥을 빼앗고 돌려주지 않는다면, 그것은 무슨 법으로 다스릴 수 있습니까?"

김중환은 잠자코 있다가 말했다.

"그것은 나와 관계된 일이 아닌지?"

"그렇습니다. 공께서는 무슨 연고로 옹진 군민의 재산 5천 냥을 빼앗고는 갚아주지 않습니까?"

"지금은 돈이 없어 갚지 못하니 훗날 갚도록 할 생각일세."

"그럴 수 없습니다. 고대광실에서 많은 재산을 가지고 살면서 5천 냥이 없다고 하면 어느 누가 믿겠습니까?"

이렇게 서로 묻고 답하고 있는데, 그동안 옆에서 듣고 있던 한 관원이 큰 소리로 나를 꾸짖었다.

"김 참판께서는 연세가 높은 대관이요, 그대는 젊은 시골 백성인데, 어디서 감히 불손한 말을 할 수 있는가."

그 말에 나는 웃었다.

"공은 누구시오?"

"나는 한성부 재판소 검사관 정명섭일세."

"공은 옛글을 읽지 못했소? 예로부터 어진 임금과 훌륭한 재상은 백성을 하늘처럼 알았고, 어두운 임금과 탐관들은 백성을 밥처럼 알았소. 그러기에 백성이 부유하면 나라가 부유하고 백성이 약하면 나라가 약해지는 것이오. 이처럼 어지러운 시대에, 공들은 국가를 보필하는 신하로서 임금의 거룩한 뜻을 받들지 못하고 이처럼 백성을 학대하니, 어찌 국가의 앞길이 통탄스럽지 않겠소. 하물며 이 방은 재판소가 아니오. 공이 만일 5천 냥을 돌려줄 뜻이 있다면 나와 같이 이야기해 봅시다."

그가 아무 대꾸도 하지 못하자 김중환이 나섰다.

"서로 다툴 것 없네. 내가 며칠 뒤에 5천 냥을 갚아주겠으니 그대는 너그러이 용서하게."

김중환이 이렇게 말하며 몇 번이나 애걸해 어쩔 수 없이 날짜를 정하고 집을 나왔다.

증인으로 법정에
서다

그때 이경주가 한원교의 주소를 알아 왔다.

"그는 세력가라 법관에서 부르면 핑계를 대고 도망가기 때문에 잡아다가 재판을 할 수 없을 것이오. 우리가 먼저 가서 한가 부부를 붙잡은 뒤에 같이 법정으로 가서 재판을 받도록 합시다."

그래서 이 씨가 동지 몇 사람과 함께 한 아무개 집에 갔으나 미리 눈치챘는지 부부는 피하고 없어 그냥 돌아왔다.

그런데 한 아무개는 도리어 한성부에 이경주가 본인의 집에 무단으로 침입해 노모를 구타했다고 고소했다. 한성부에서는 이경주를 잡아가서 증인을 대라고 하자 이경주가 내 이름을 대어 나 역시 붙잡혀 가서 조사를 받았다. 그런데 검사

소의 검사가 바로 정명섭이었다.

정 씨가 나를 보자 성난 기색이 역력해, 나는 속으로 웃으며 전날 김중환의 집에서 다툰 일로 보복을 당하겠구나 생각했다.

검사가 내게 물었다.

"네가 이경주와 한원교 두 사람의 일을 잘 아느냐?"

"그렇다."

"무엇 때문에 한원교의 어머니를 때렸느냐?"

"그런 적이 없다. 어찌 남의 늙은 어머니를 때릴 수가 있겠는가."

"그러면 무엇 때문에 남의 집 안뜰에 들어갔느냐?"

"결코 남의 집 안뜰에 들어간 일이 없다. 다만 이경주의 집 안뜰에는 들어간 일은 있다."

"어째서 이경주의 집 안뜰이라 하는가?"

"그 집은 이경주의 돈으로 산 집이고, 세간도 모두 이경주가 전부터 쓰던 것이며, 노비들 역시 이경주가 부리던 노비요, 그 아내도 이경주가 사랑하던 아내이니 그 집이 이경주의 집이 아니고 누구의 집인가?"

이러자 검사는 아무 말이 없었다.

마침 한원교가 내 앞에 있어서 그를 불렀다.

"너는 내 말을 들어보아라. 무릇 군인은 국가의 중임을 맡은 자리다. 충의의 마음을 가지고 외적을 방어하고, 강토를 지키며, 백성을 보호하는 것이 본분이거늘 너는 위관이 되어 어진 백성의 아내를 빼앗고, 재산을 토색질하고, 세력만 믿고 꺼리는 바가 없으니, 만일 경성에 너 같은 도둑놈이 많이 산다면, 다만 서울 놈들만 자식 낳고, 집을 보전하고, 생업을 보전할 따름이냐. 저 시골의 힘없는 백성들은 그 아내, 그 재산을 모두 서울 놈들한테 빼앗기고 말 것 아니냐. 세상에 어찌 백성 없는 나라가 있느냐. 너 같은 서울 놈은 만 번 죽어도 아깝지 않다."

어찌 사사로이 법을
쓰겠는가

내 말이 미처 끝나기도 전에 검사가 책상을 치면서 나를 큰 소리로 꾸짖었다.

"서울 놈들 서울 놈들 하는데, 경성이 어떤 이가 사는 곳이 기에 네가 감히 그런 말을 함부로 하느냐!"

나는 웃으며 대답했다.

"공은 무엇 때문에 그렇게 화를 내시오? 내가 말한 것은 한 원교를 두고, 너 같은 도둑놈이 서울에 많이 있다면 다만 서울 놈들만이 생명을 보전하며, 시골 백성은 모두 죽을 것이라고 한 말이오. 만일 그 같은 놈이라면 당연히 그 욕을 들어야 하겠지만, 그와 같지 않은 사람이야 무슨 상관이 있을 것인가. 공은 잘못 듣고 오해한 것이오."

"너는 그릇된 말을 꾸며대고 있다."

"그렇지 않소. 좋은 말로 잘못을 꾸며댈 수 있지만, 아무런들 물을 가리켜 불이라 한들 누가 그것을 믿을 것이오."

그러자 검사는 아무 말 없이 하인을 시켜 이경주를 감옥에 가두고는 내게 말했다.

"너도 잡아 가두겠다."

"어째서 나를 가둔다는 말인가? 오늘 내가 여기 온 것은 증인으로 온 것이지 피고로 붙잡혀 온 것이 아니오. 아무리 천만 조항의 법률이 있다 한들 죄 없는 사람을 가두리는 법은 없을 것이오. 오늘날 같은 문명 시대에 공은 어찌 사사로이 야만의 법을 쓸 수 있는가?"

그러고는 당당하게 문 밖으로 나와 여관으로 돌아왔다. 검사는 아무런 말도 하지 않았다.

6부

—

혼란스러운
날들

나라가 이처럼
어지러우니

고향집에서 편지가 왔는데, 아버지의 병환이 위중하다고 했다. 바로 행장을 차려 떠났다. 시절이 한겨울이라 천지에 흰 눈이 가득하고 하늘에는 찬바람이 몰아쳤다.

독립문 밖을 지나면서, 친구가 죄 없이 이 추운 겨울 차가운 감옥에 갇혀 고생하고 있는 것을 생각하니 속이 찢어지는 것 같았다. 얼마나 기다려야 나라안에 나쁜 간신배들이 없어지고 당당한 문명 독립국을 이루어 민권과 자유를 누릴 수 있겠는가 생각하니 피눈물이 솟아올라 차마 발걸음을 옮길 수가 없었다.

그러나 어찌할 길이 없어 간편한 차림으로 혼자 천리 길을 걸어가는데, 중도에서 말을 타고 가던 이웃 고을 친구 이성룡을 만났다.

"잘 만났네, 친구. 서로 길동무하며 같이 고향으로 가면 좋겠네."

"타고 걷는 것이 서로 다른데 어찌 동행이 되겠는가."

"그렇지 않네. 이 말은 경성에서부터 세를 낸 말인데, 추운 날씨라 말을 오래 탈 수가 없네. 자네와 서로 교대로 타고 가다 보면 길도 빠르고 심심하지도 않겠네. 그러니 사양 말고 타게."

그래서 길동무가 되어 며칠 뒤 연안읍에 이르렀다. 그 지방에는 가뭄이 심해 흉년이 들었다.

나는 말을 타고 그는 걸어가는데, 마부가 전신주를 가리키며 욕을 했다.

"외국 사람이 전신주를 설치한 뒤로는 공중에 있는 전기를 몽땅 가두어 두었기 때문에 공중에 전기가 없어져 비가 오지 않아 흉년이 들었소."

이 말에 웃으며 타일렀다.

"어찌 그럴 리가 있겠는가. 그대는 서울에 오래 살았으면서 어찌 그렇게 무식한가."

그러자 마부가 말채찍으로 내 머리를 때리면서 욕을 퍼부었다.

"자네가 누구이기에 나를 보고 무식한 사람이라 하는가?"

그의 행동이 흉악해 말 위에 앉아 하늘을 쳐다보고 크게 웃을 뿐이었다. 이 씨가 마부를 만류해 더 이상 큰일은 없었으나 내 복장과 의관이 말이 아니었다.

이윽고 연안 성내에 이르자, 그곳 친구들이 내 꼴을 보고 놀라 묻기에 그 까닭을 이야기했다. 그러자 모두 분노해 마부를 법관에게 말해 벌하자고 했다. 내가 여러 사람을 말리며, 마부가 잠시 제정신을 잃어버렸으니 손댈 것 없이 돌려보내자고 해서 보내주었다.

시대는 어디로
가는가

고향으로 돌아와 집에 이르러 보니 아버지의 병환은 차츰 차도가 있어 몇 달 뒤에는 완전히 회복하셨다.

그 뒤에 이경주는 사법관이 법을 억지로 적용해 3년 징역에 처해졌다가 1년 뒤에 사면 받아 풀려나왔으며, 한원교는 큰 돈을 써 매수한 송, 박 두 사람을 시켜 이 씨를 꾀어내어 칼로 찔러 죽인 뒤에 달아났다. 재물과 계집 때문에 사람의 목숨을 빼앗는 것은 뒷사람이 경계할 일이다.

송 아무개와 박 아무개와 그 계집은 관청에 붙잡혀 법에 의해 처벌되었으나 한 아무개는 끝내 잡지 못했고, 이경주는 참혹하게 영세의 원혼이 되고 말았다.

당시 각 지방의 관리들은 함부로 백성의 피를 빨아 관리와 백성들은 서로 원수처럼 보고 도둑처럼 대했다. 다만 천주교인들은 관청의 포악한 명령에 항거하고 토색질을 당하지 않았기 때문에 교인을 미워하기를 외적 다루듯 했다. 그런데 저들은 힘이 있고 우리는 그렇지 못해 어찌할 도리가 없었다. 좋은 일에는 마가 끼고 미꾸라지 한 마리가 맑은 물을 흐리니 어찌해야 하는가.

그 무렵 난동 부리는 패들이 교인인 양 사칭하고 협잡하는 일이 더러 있었기에, 관리들은 이 틈을 타서 교인들을 핍박하려고 했다.

황해도에서 교인들의 행패로 인해 행정과 사법 업무를 할 수 없다고 해서 정부에서 사핵사 이응익을 파견했다. 해주부에서는 각 고을로 병사들과 순경을 보내 천주교회의 우두머리들을 옳고 그름을 묻지 않고 모조리 잡아들이는 통에 교회 안이 크게 어지러워졌다.

아버지도 잡으려 순경과 병사들이 2, 3차례나 왔지만 끝내 항거해 잡아가지 못했다. 나는 몸을 피해 관리들의 악행을 통분히 여기며 밤낮으로 술을 마셨고, 그 울분이 병이 되어 치료해도 효험이 없었다. 그나마 다행히 교회 일은 프랑스 선교사들의 도움으로 차츰 조용해졌다.

아버지의
치욕

이듬해, 이웃 문화군에 갔다가 아버지가 안악읍 이창순의 집에 와 계신다는 말을 들었다. 그래서 곧 그 집으로 갔더니, 아버지는 이미 고향 집으로 돌아가셨다.

이창순이 이런 말을 했다.

"이번에 그대 아버님이 큰 곤욕을 당하고 돌아가셨네."

무슨 일이 있었느냐 물었다.

"그대 아버님이 신병 치료차 안악읍에 있는 청국 의사 서 아무개를 찾아가 진찰을 받은 뒤 이야기하던 중에 그 청국 의사가 무슨 까닭인지 그대 부친의 가슴과 배를 발로 차서 상처를 입혔다네. 하인들이 그 청국 의사를 붙들고 때리려 하자 아버님께서 하인들을 타이르셨네. 오늘 우리는 여기에 치료차 왔는데, 만일 의사를 때리면 시비를 물론하고 남의 웃음거리를 면하지 어려울 것이니, 참는 것이 옳지 않은가 해서 모두 분함을 참고 돌아왔네."

"내 아버지는 대인의 행동을 지켜 그렇게 하셨지만, 나는 자식 된 도리로 어찌 참고 그냥 지나칠 수 있겠는가. 당연히 그곳에 가서 잘잘못을 알아본 연후에 법에 호소해서 행패하는 버릇을 고치게 하는 것이 어떤가?"

그랬더니 모두 그렇게 하자 해서 청국 의사를 찾아가 그 사실을 물었다.

몇 마디 말을 하기도 전에 청국인은 벌떡 일어나 칼을 빼어들고 내 머리를 치려는 것이 아닌가. 급히 일어나 서 아무개의 손을 막고 허리춤의 권총을 꺼내 그의 가슴팍에 대고 쏘려는 것처럼 하자 서 아무개는 겁을 집어먹고 어쩔 줄을 몰라 했다.

동행한 이창순이 위급한 형세를 보고 자기 단총을 뽑아 공중으로 두어 방을 쏘자, 서 아무개는 내가 총을 쏜 줄 알고 크게 놀랐다.

이창순이 서의 칼을 빼앗아 돌에 쳐서 반을 분질렀다. 칼이 서가의 발 아래로 내동댕이치자 서가는 땅에 거꾸러졌다.

곧바로 법관에게 가서 전후사연을 호소했지만 외국인의 일이라 재판할 수 없다고 했다. 그래서 다시 서 아무개에게 갔으나 고을 사람들이 모여들어 만류하기에 그를 내버려두고 집으로 돌아왔다

집에서 다시
경성으로

그런 일이 있은 지 며칠 후 밤중에 어떤 놈들인지 7, 8명이 이창순의 집에 뛰어들어 그의 부친을 마구 때리고 억지로 잡아갔다. 이창순은 바깥방에 자다가, 화적들이 쳐들어온 줄 알고 총을 뽑아 뒤쫓았다. 놈들이 이창순을 향해 총을 쏘자 이창순 역시 총을 쏘며 돌격했고, 놈들은 부친을 버린 채 도망치고 말았다.

이튿날 자세히 알아보니 서가가 진남포 청국 영사에게 호소해서 청국 순사 2명과 대한 순사 2명에게 안 아무개를 잡아오라 지령했는데, 착각해 안 아무개의 집으로 가지 않고 이창순의 집을 침입했다는 것이다.

편지가 오기에 곧 진남포로 가서 알아보았더니, 청국 영사는 그 일을 경성에 있는 공사에게 보고해 대한국 외무부에 조회할 것이라 해서, 나는 즉시 경성으로 가서 그 전후 사실을 들어 외무부에 청원했다. 다행히 진남포 재판소에 회부해 재판을 받도록 판결되어, 서 아무개와 더불어 공판을 받았다. 그때 서가의 전후 만행이 나타나자 서 아무개는 죄가 있고 안은 잘못이 없다는 판결로 끝을 보았다. 뒤에 서와 만나 사과하고 좋은 관계를 유지했다.

당시 나는 홍 신부와 크게 다툰 일이 있었다. 홍 신부는 언제나 교인들을 낮추어 보는 폐단이 있었기에 나는 여러 교인들과 상의했다.

"거룩한 교회 안에서 어찌 이런 일이 있을 수 있겠는가. 우리가 경성에 가서 민 주교에게 청원하고, 만일 민 주교가 들어주지 않으면 당연히 로마 교황에게 가서라도 기어이 이러한 폐습은 막도록 하는 것이 어떻소?"

그러자 모두들 그대로 따르기로 했다.

홍 신부가 이 말을 듣고 크게 화가 나 나를 치고 때렸기 때문에 나도 분하기는 했으나, 그 치욕스러움을 참았다.

그 뒤에 홍 신부가 나를 타일렀다.

"잠시 화를 낸 것은 감정적으로 한 일이라 회개할 것이니,

서로 용서하는 것이 어떤가?"

이에 나 역시 감사하다 말하고, 그간의 우정을 다시 찾아 서로 좋게 지냈다.

7부

|

독립하는
그날까지

을사년의
울분

세월이 지나 1905년 을사년을 맞이했다.

인천 앞바다에서 일본과 러시아 두 나라가 대포 소리를 크게 울리며 동양 일대에 문제가 터져 전쟁이 일어났다는 소식이 들려왔다.

홍 신부는 한탄했다.

"대한이 장차 위태로워졌다."

"왜 그러합니까?"

"러시아가 이긴다면 러시아가 한반도를 지배할 것이며, 일본이 이긴다면 일본이 관할하려 들 것이니 어찌 위태롭지 않겠는가."

신문, 잡지와 각국 역사를 읽고 있어서 과거 일과 현재, 미래의 일을 추측했다.

러일전쟁이 강화로 끝난 뒤에, 이토 히로부미가 대한으로 건너와 정부를 위협해 5조약을 강제로 맺고 삼천리강산과 2천만 동포가 바늘방석에 앉은 듯했다. 아버지는 울분해 병이 더욱 중해졌다.

아버지와 상의했다.

"일본이 러시아와 전쟁을 시작할 때, 일본의 선전 포고문 가운데 '동양의 평화를 유지하고, 대한의 독립을 굳건히 하겠다'고 약속했습니다. 그러나 이제 일본이 그 같은 대의를 지키지 않고, 음흉한 책략을 자행하고 있으니, 그것은 모두 이토의 계략입니다. 먼저 강제로 조약을 맺고, 뜻있는 이들의 모임을 없앤 뒤에 강토를 삼키려는 것이 그들의 음모입니다. 그러므로 속히 대책을 세우지 않으면 큰 화를 면하기 어려울 텐데, 어찌 아무 방책도 없이 앉아 죽기를 기다리겠습니까. 그러나 이제 의거를 일으켜 이토의 정책에 반대한들 힘이 없으니 부질없이 죽을 뿐 아무 이익이 없을 것입니다. 소식을 들으니 청국 산동과 상해 등지에 한국인이 많이 살고 있다 하니, 우리 집안도 모두 그곳으로 옮겨가 살다가 후일을 도모하는 것이 어떻겠습니까? 그러면 제가 먼저 그곳으로 가서 형

세를 살펴본 후에 돌아올 것이니, 비밀히 짐을 꾸린 뒤에 식
구들을 데리고 진남포에 가서 기다리시다가 제가 돌아오는
날 다시 의논해서 행하도록 하십시오."

부자간에 앞으로의 계획을 정했다.

역사 뒤에 숨은
자들

아버지와 상의한 후 곧 길을 떠나 산동 등지를 돌아본 뒤, 상해에 이르러 민영익을 찾았더니, 문지기 하인이 문을 닫고 들여보내지 않았다.

"대감은 한국인을 만나지 않소."

이 말에 그냥 돌아왔다가 그 뒤 두세 번 더 찾았으나 역시 만나보는 것을 허락하지 않아 크게 꾸짖었다.

"공은 한국인이 되어 한국 사람을 만나지 않는다면 어느 나라 사람을 만나려 하는가. 더욱이 공은 조선에서 여러 대에 걸쳐 국록을 먹은 신하로서, 이처럼 어려운 때를 만나, 사람을 전혀 사랑하는 마음 없이 베개를 높이 하고 편안히 누워 조국의 흥망을 잊어버리고 있으니, 세상에 어찌 이런 도리가 있을 것인가. 오늘날 나라가 위급해진 것은 그 죄가 공과 같은 고관대작들에게 있는 것이오. 무엇이 부끄러워 만나지 않는가?"

한참 동안 욕을 퍼붓고는 다시는 찾지 않았다.

그 뒤에 서상근이라는 이를 만나 이야기했다.

"지금 대한의 형세가 극히 위태로우니 어찌하면 좋겠소? 무슨 좋은 계책이 없겠소?"

그러자 서 씨가 대답했다.

"대한의 일을 내게 말하지 마시오. 나는 일개 장사치로서 수십만 원을 정부 고관에게 빼앗기고 이렇게 몸을 피해서 여기 와 있는 것이오. 더구나 국내 정치가 백성들에게야 무슨 상관이 있을 것이오."

"그렇지 않소. 공은 하나만 알고 둘은 모르는 셈이오. 백성이 없다면 나라가 어디 있을 것이오. 더구나 나라는 몇몇 대관들의 나라가 아니라 2천만 백성의 나라요. 그런데 국민이 국민 된 의무를 행하지 않고서 어찌 민권과 자유를 얻을 수 있을 것이오. 지금은 민족의 세계인데, 어째서 우리 민족만이 가만히 앉아 멸망하기를 기다리는 것이 옳은 일이겠소?"

그러자 서 씨가 대답했다.

"공의 말이 그렇기는 하나, 나는 다만 장사치로서 입에 풀칠만 하면 그만이니, 다시는 정치 이야기를 하지 마오."

여러 번 의논하고 타일러 보았으나 그는 전혀 반응하지 않았다. 소귀에 경 읽기와 마찬가지라, 하늘을 우러러 탄식하며 생각했다.

'우리 대한 사람들의 뜻이 모두 이와 같으니 나라의 앞날이 말하지 않아도 알 수 있겠다.'

여관으로 돌아와 침상에 누워 여러 생각에 비통함을 참을 길이 없었다.

신부에게서
길을 찾다

어느 날 아침, 교당에서 기도를 드린 다음 문밖을 바라보고 있는데, 신부 한 분이 지나가다가 나를 보고 놀라워했다.

"네가 어찌 여기 왔느냐?"

손을 잡고 서로 인사하니, 그는 바로 곽 신부였다. 곽 신부는 프랑스 사람으로, 여러 해 동안 국내에 머물며 황해도 지방에 전도하고 있었기 때문에 나와 절친한 사이였고, 홍콩에서 대한으로 돌아가는 길이었다. 그야말로 꿈만 같았다. 우리 두 사람은 여관으로 돌아와 이야기를 나누었다.

곽 신부가 재차 물었다.

"네가 여기에 왜 왔느냐?"

"선생께서는 지금 대한의 비참한 꼴을 듣지 못했습니까?"

"이미 오래 전부터 들어 알고 있지."

"현실이 그와 같아 어떻게 할 도리가 없어 부득이 가족을 이곳으로 옮겨다가 살게 한 다음 이곳에 있는 동포들과 힘을 합쳐 여러 나라 사람들에게 억울한 정상을 설명해서 공감을 얻은 뒤에 기회가 오기를 기다려서 의거를 일으키면 어찌 목적을 이루지 못하겠습니까?"

그랬더니 곽 신부는 아무 말 없이 한참 있다가 대답했다.

"나는 성직자요 전도사라 정치에 관계가 없기는 하지만 지금 네 말을 들으니 뜨거운 정을 이길 수가 없구나. 너를 위해 한 방법을 일러줄 것이니, 만일 이치에 맞거든 그대로 하고 그렇지 않으면 네 뜻대로 하라."

"그 계획을 듣고 싶습니다."

"네가 하는 말은 그럴 듯하지만 그것은 하나만 알고 둘은 모르는 말이다. 가족을 외국으로 옮긴다는 것은 그릇된 계획이다. 2천만 민족이 모두 너같이 한다면 나라 안이 온통 빌 것이며, 그것은 곧 원수가 바라는 바를 이루어주는 것이다. 우리 프랑스가 독일과 싸울 적에 두 지방을 비워준 것을 너도 알 것이다. 지금껏 40년 동안 그 땅을 회복할 기회가 두어 번 있었지만 그곳에 있던 뜻있는 사람들이 전부 외국으로 피해

갔기 때문에 그 목적을 달성하지 못했다. 그것을 본보기로 삼아야 할 것이다. 또 해외에 있는 동포들은 국내 동포보다 애국심이 강해 서로 모의하지 않아도 같이 일할 수 있으니 걱정할 것이 없다. 열강 여러 나라도 억울한 설명을 들으면 모두 가엾다고 하기는 할 것이나, 그렇다고 대한을 위해 군사를 일으켜 도와주지는 않을 것이다. 각국이 우리나라의 참상을 알고 있기는 하나 각각 제 나라 일에 바빠 남의 나라를 돌봐줄 겨를이 없다. 훗날 때가 오면 혹시 일본의 불법행위를 성토할 기회가 있을 것이나 오늘 네가 하는 계획은 별로 효과가 없을 것이다. 옛글에 일렀으되 '하늘은 스스로 돕는 자를 돕는다' 했으니, 너는 속히 본국으로 돌아가 먼저 네가 할 일을 하도록 해라. 첫째 교육의 장려요, 둘째는 경제를 일으키고, 셋째는 민심의 단합이요, 넷째는 실력을 기르는 것이다. 이 네 가지를 확실히 성취해 2천만 동포가 반석과 같이 든든해지면 비록 천만 문의 대포로도 우리를 능히 공격해 깨뜨릴 수가 없을 것이다. 이것은 힘으로는 한 사람의 마음도 빼앗지 못한다는 것이거늘, 하물며 2천만의 정신을 어찌 앗아갈 수 있겠느냐. 그렇게 하면 강토를 빼앗겼다는 것도 형식적인 것뿐으로, 조약을 강제로 맺었다는 것도 종이 위에 적힌 빈 문서에

불과하다 할 것이다. 그런 연후에야 목적을 달성할 수 있으니, 이 방책은 만국에서 두루 통하는 예이므로 그렇게 권유하는 것이니 잘 헤아려보라."

그 말을 다 듣고 내가 대답했다.

"신부님 말씀이 옳습니다. 그대로 따르겠습니다."

그리고 곧장 행장을 꾸려 진남포로 돌아왔다.

1905년 12월 상해로부터 진남포로 돌아와 집안 소식을 알아보았다. 그동안 가족들이 청계동을 떠나 진남포에 도착했는데, 다만 아버지가 중도에 병세가 위중해져 세상을 떠나셨기 때문에 가족들은 아버지의 영구를 청계동에 모셨다고 한다. 이 이야기를 듣고 나는 애통함을 가눌 길이 없어 대성통곡하며 몇 번이나 쓰러졌다.

다음 날 청계동에 이르러 빈소를 차리고 가족들과 함께 그해 겨울을 보냈다. 나는 조국이 독립하는 날까지 술을 끊기로 맹세했다.

8부

사람이
희망이다

어찌 이대로 죽기를
바라는가

다음 해(1906년) 봄 3월에 가족과 함께 청계동을 떠나 진남포에 이사를 했다. 살 집을 한 채 지어 집안을 안정시킨 후 남은 재산을 출연해 두 곳에 학교를 세우니, 하나는 삼흥학교이고, 또 하나는 돈의학교로, 나는 교무를 맡아 재주가 뛰어난 청년들을 가르쳤다.

그 다음 해 봄에 한 분이 나를 찾아왔는데, 그의 기상을 살펴보니 위풍이 당당해 자못 도인의 풍모가 있었다.

그는 자신을 김 진사라고 했다.

"나는 본시 그대 부친과 친교가 두터운 사람이라 특별히 찾아온 걸세."

"선생께서 멀리서부터 찾아오셨으니 무슨 좋은 말씀을 해주시겠습니까?"

"그대의 기개를 가지고 지금같이 나라 정세가 위태로운 때에 어찌 앉아서 죽기를 기다리려 하는가?"

그래서 물어보았다.

"무슨 계책이 있겠습니까?"

"지금 백두산 뒤 서북 간도와 러시아 영토인 블라디보스토크 등지에 한국인 100만여 명이 살고 있는데, 물산이 풍부해 한번 활동할 만한 곳이 될 수 있네. 그러니 그대 같은 재주로 그곳에 가면 훗날 반드시 큰 뜻을 이룰 것일세."

"꼭 가르쳐주시는 대로 지키겠습니다."

이렇게 약속하고 서로 작별했다.

국채보상운동에
가담하다

그 무렵 나는 자금을 마련해볼 계획으로 평양으로 가서 석탄을 캤는데, 일본인의 방해로 수천 원이나 손해를 보았다.

당시 대한 국민들이 국채보상회를 발기해 군중들이 모여 회의했는데, 일본 형사 한 명이 와서 조사하며 물었다.

"회원이 얼마이며, 돈은 얼마나 거두었는가?"

"회원은 2천만 명이고, 돈은 1,300만 원을 거둔 다음에 보상하려 한다."

일본 형사는 비웃으며 말했다.

"미개한 한 사람들이 무슨 일을 할 수 있을 것인가."

"빚 진 사람은 빚을 갚으면 되고, 빚을 준 사람은 빚을 받으면 그만인데 무슨 악감정으로 질투하고 욕하는 것인가?"

그랬더니 일본 형사는 몹시 화를 내면서 나를 치려고 달려들었다.

"까닭 없이 모욕을 준다면 대한 2천만 민족이 장차 큰 압제를 면하기 어려울 것이다. 어찌 나라의 수치를 앉아서 받을 수 있을 것인가."

화가 치밀어 서로 치고받자 곁에 있던 사람들이 말려 그만 끝내고 헤어졌다.

나라를 잃은
처지

당시(1907년) 일본은 7조약을 강제로 맺고 광무 황제(고종)를 폐했으며, 병사들을 해산시켰다. 이에 2천만 국민이 일제히 격분해, 의병들이 곳곳에서 벌떼처럼 일어나 삼천리강산에 대포 소리가 크게 울렸다.

나는 급히 행장을 꾸려, 가족들과 이별하고 북간도로 향했다. 그런데 그곳에도 일본 병사들이 주둔하고 있어서 도무지 발붙일 곳이 없었다.

여러 날 동안 각 지방을 돌아본 다음, 다시 러시아 영토로 들어가 엔치야라는 곳을 지나 블라디보스토크에 이르렀다. 그 항구 도시에는 한국인 4천 내지 5천 명이 살고 있었고, 학교도 두어 군데 있으며 청년회도 있었다. 나는 청년회에 가입

해서 임시 사찰에 뽑혔다.

하루는 회의 중에 어떤 사람이 허락도 없이 사담하기에 내가 규칙에 따라 금지시켰더니, 그 사람이 화를 내며 내 뺨을 몇 차례나 때리려 하자 나도 같이 달려들었다. 여러 사람이 만류하며 화해하도록 권해 나는 웃으면서 그에게 이렇게 일렀다.

"이른바 단체는 여러 사람이 힘을 모으는 것이 목적인데, 서로 다투면 어찌 남의 웃음거리가 되지 않겠는가. 옳고 그르고는 따지지 말고 서로 화목하는 것이 어떤가?"

모두가 좋은 일이라 하고 헤어졌다. 그 뒤 나는 귓병을 얻어 몹시 앓다가 달포 뒤에야 차도가 있었다.

우리가 나서지 않으면
누가 도울까

그곳에 이범윤이라는 분이 있었다. 그분은 러일전쟁 전에 북간도 관리사에 임명되어 청국 병사들과 수없이 교전했으며, 전쟁 때는 러시아 병사들과 힘을 합해 서로 도왔다가 러시아가 패전해 돌아갈 적에 같이 러시아로 와서 지금까지 그곳에서 살고 있었다.

그분을 찾아갔다.

"귀하는 러일전쟁 때 러시아를 도와 일본을 쳤으니, 그것은 하늘의 뜻을 어긴 것이라 할 수 있습니다. 이때 일본이 대의를 들어 동양 평화와 대한의 독립을 굳건히 할 뜻을 세계에 약속하고 러시아를 친 것이니, 그것은 하늘의 뜻에 순응한 것이기에 다행히 승리한 것입니다. 그런데 만일 귀하께서 다시 의병을 일으켜 일본을 친다면 그것 또한 하늘의 뜻에 순응하는 것이라 할 수 있습니다. 그 까닭은 현재 이토 히로부미가 그 힘을 믿고 교만하고 극악해져서, 위로 임금을 속이고 백성들을 함부로 죽이며, 이웃 나라와 의를 끊고, 세계의 신의를 저버렸으니, 그야말로 하늘을 반역한 것이라, 어찌 오래 갈 수가 있겠습니까. 속담에 이르기를 해가 뜨면 이슬이 사라지고, 해가 차면 반드시 저무는 것 또한 이치에 맞는다고 했습니다. 이제 귀하께서 임금님의 거룩한 은혜를 받고도 나라가 위급한 때 팔짱 끼고 구경만 해서야 되겠습니까. 만일 하늘이 주는 것을 받지 않으면 도리어 그 벌을 받는 것이니 어찌 각성하지 않을 것입니까. 원컨대 귀하께서는 속히 큰일을 일으켜 기회를 놓치지 마십시오."

"말이야 옳네만 자금이나 무기를 마련할 길이 없으니 어찌할 것인가?"

"조국의 흥망이 내일을 가늠할 수 없는데, 다만 팔짱 끼고 기다리기만 한다면 자금과 무기가 어디 하늘에서 떨어져 내려오겠습니까. 하늘에 순응하고 굳은 뜻을 세운다면 무슨 어려움이 있을 것입니까. 이제 귀하께서 의거를 일으킬 결심만 하신다면 제가 비록 재주는 없을망정 만 분의 1이라도 힘이 되겠습니다."

 그러나 그는 머뭇거리며 결단하지 못했다.

여러 곳을 돌며 뜻을
모으다

그곳에 훌륭한 인물 두 사람이 또 있었으니, 엄인섭과 김기룡이었다.

두 사람이 담략과 의협심이 뭇사람보다 뛰어나 그들과 형제의 의를 맺었다. 엄인섭이 큰형, 내가 그 다음, 김기룡이 셋째가 되었다. 그로부터 우리 세 사람은 정이 두터워져, 의거할 일을 모의하면서 여러 지방을 두루 다니며 연설했다.

비유컨대 한 집안에서 부모 형제들과 작별하고 다른 곳에서 산 지 10여 년인데, 그동안 성공해 가산이 넉넉해지고 처자가 득실하고 벗들과 친해 걱정 없이 살면 반드시 고향집 부모 형제를 잊어버리는 경우가 많습니다.

그러다 어느 날, 고향집 형제 중에서 한 사람이 급히 전하기를 '집에 큰 화가 생겼소. 강도가 와서 부모를 내쫓고 형제들을 죽이고 재산을 약탈하니 어찌하면 좋겠소?' 할 적에 그 사람 대답이 '내가 여기서 걱정 없이 편안하게 사는데 고향집 부모 형제가 내게 무슨 관계냐'고 한다면 그것을 사람이라 하겠습니까, 짐승이라 하겠습니까?

더구나 곁에서 보는 이들이 '저 사람은 부모 형제도 모르는 사람이니 어찌 친구라 할 수 있을 것인가' 하고는 친구의 의도 끊고 말 것입니다. 친척도 배척하고 친구도 끊어진 사람이 무슨 면목으로 세상에 살 수 있을 것입니까?

동포들이여! 내 말을 들어보시오.

현재 우리나라의 참상을 그대들은 아십니까, 모르십니까? 일본과 러시아가 개전할 적에 전쟁을 선언하는 글 가운데 '동양 평화를 유지하고 대한 독립을 보장한다'고 했습니다. 그러나 오늘에 이르러 중대한 약속은 지키지 않고 있습니다. 도리어 대한을 침략해 5조약과 7조약을 강제로 맺은 다음, 국권을 손아귀에 쥐고서 황제를 폐하고, 군대를 해산하고, 철도와 광산, 산림, 하천과 저수지 등 빼앗지 않은 것이 없으며, 관청과 민간의 큰 집들은 병참이라는 핑계로 모조리 빼앗고, 기름진 전답과 조상의 산소들도 군용지라는 푯말을 꽂고 무덤을 파헤쳐 화가 조상의 백골에까지 미치고 있으니, 국민 된 사람과 자손 된 사람으로 어느 누가 분함을 참고 욕됨을 견딜 것입니까?

그래서 2천만 민족이 일제히 분발해 삼천리강산에 의병들이 곳곳에서 일어나고 있습니다.

슬픕니다. 저 강도들이 도리어 우리를 폭도라 일컫고, 군사를 풀어 토벌하고 참혹하게 살육해 두 해 동안에 해를 입은 한국인이 수십만 명에 이르렀습니다.

강토를 빼앗고 사람들을 죽인 자가 폭도입니까. 제 나라를 지키고 외적을 막는 사람이 폭도입니까? 이야말로 도둑놈이 몽둥이 들고 나서는 격입니다. 한반도에 대한 정략이 포악해진 원흉은 바로 일본의 늙은 도둑 이토 히로부미입니다.

한민족 2천만이 스스로 일본의 보호를 받고자 원한다 하고, 그래서 나라가 태평하고 평화로우며 날마다 발전하는 것처럼 선전하고 있으며, 위로 천황을 속이고 밖으로 열강들의 눈과 귀를 가려 제 마음대로 농간을 부리며 못하는 짓이 없으니, 어찌 통분한 일이 아니겠습니까.

우리 민족이 이 도둑놈을 죽이지 않는다면 대한은 곧 없어

지고 말 것이며 동양 전체도 필히 망하고야 말 것입니다.

여러분! 깊이 생각하십시오. 여러분이 조국을 잊었습니까, 아닙니까? 선조의 백골을 잊었습니까, 아닙니까? 친척과 일가들을 잊었습니까, 아닙니까? 만일 잊지 않았다면 위급하고 죽느냐 사느냐 하는 때를 당해 크게 분발하고 깨달아야만 합니다.

뿌리 없는 나무가 어디서 날 것이며, 나라 없는 백성이 어디서 살 것입니까. 만일 여러분이 외국에 산다고 조국을 잊고 돌보지 않는 것을 러시아 사람들이 안다면 '대한 사람들은 조국도 모르고 동족도 모르니 어찌 외국을 도울 리 있으며 다른 종족을 사랑할 리 있겠는가. 이처럼 무익한 인종은 쓸데가 없다'는 평판이 들끓어, 머지않아 러시아 국경 밖으로 쫓겨날 것이 뻔한 일입니다.

조국의 강토가 이미 외적에게 빼앗기고 외국인마저 우리를 배척하고 받아주지 않는다면 늙은이를 업고 어린 것들을 데리고서 장차 어디 가서 살 것입니까?

여러분! 폴란드 사람들이 당한 참상이나 흑룡강 위에서 있었던 청국 사람들의 참상을 듣지 못했습니까? 만일 나라를 잃은 국민이 강대국의 국민과 동등한 대우를 받을 수 있다면 나라 잃은들 무엇을 걱정하며 또 강국이라고 좋을 것이 무엇입니까?

어느 나라를 막론하고 나라 망한 민족은 참혹하게 죽고 학대받는 것을 피하지 못합니다. 그러므로 우리 한국인은 이런 위급한 때를 당해 무슨 일을 하는 것이 좋겠습니까? 결국 의거를 일으켜 적을 치는 일밖에는 다른 방법이 없습니다.

지금 13도 강산에는 의병이 일어나지 않은 곳이 없으나 만일 의병이 패하는 날에는, 도둑놈들은 의병을 폭도라는 이름으로 죽이고 집집에 불을 지를 것이니, 그런 뒤에는 우리 민족이 무슨 면목으로 세상에 나설 수 있겠습니까?

그런즉 오늘, 남녀노소 할 것 없이 총을 메고 칼을 잡아 일제히 의거를 일으켜, 이기고 지는 것과 잘 싸우고 그렇지 못하고를 돌아볼 것 없이 통쾌한 싸움 한바탕으로 후세에 부끄러움을 남기지 말아야 할 것입니다. 이처럼 싸우면 세계열강의 지원도 있을 것이고, 독립할 수 있는 희망도 있을 것입니다. 더구나 일본은 5년 이내에 반드시 러시아와 청국, 미국 등 3국과 전쟁하리라 예상되어 그것이 우리에게는 큰 기회가 될 것입니다. 그때 한국인이 아무런 준비가 없다면 일본이 패해도 대한은 다시 다른 나라 손 안으로 들어갈 것입니다.

따라서 오늘 의병을 일으켜 이처럼 큰 기회를 잃지 말아야 하며, 스스로 힘을 길러 국권을 회복해야만 독립할 수 있을 것입니다.

'스스로 할 수 없다는 생각은 망하는 근본이요, 스스로 할 수 있다는 것은 만사가 흥하는 근본'이라는 말 그대로입니다. '하늘은 스스로 돕는 자를 돕는다'고 하는 것이니 여러분에게 묻습니다. 앉아서 죽기를 기다리는 것이 옳습니까? 분발하여 힘을 내는 것이 옳습니까?

우리 모두 결심하고 각성하여 용감하게 싸웁시다.

이렇게 외치며 여러 지방을 돌아다녔는데, 보고 듣는 사람들이 동조하며 자발적으로 참가해 왔다. 혹은 자원해서 출전도 하고, 무기도 내고, 자금을 내어 도와 그것으로 의거 활동의 기초를 다질 수 있었다.

9부

북간도의 독립군
의병장

북간도에 모인
의병들

김두성과 이범윤 등이 의병을 일으켰다. 그들은 이미 총독과 대장으로 임명된 이들이고, 나는 참모중장에 뽑혔다. 우리는 의병과 군기 등을 비밀히 마련하고 수송해 두만강 근처에서 다음 일을 모의했다.

내가 나섰다.

"지금 우리 군사는 200 내지 300명밖에 안 된다. 적은 강하고 우리는 약하므로 적을 가벼이 여겨서는 안 된다. 병법에 이르기를 '아무리 다급해도 반드시 철저한 대책을 세운 후에 큰일을 꾀할 수 있다'고 했다. 한 번 의거로 성공할 수 없는 것은 뻔한 일이다. 따라서 한 번에 이루지 못하면 두 번, 세 번, 열 번에 이르고, 백 번 꺾여도 굴함 없이, 금년에 이루지 못하면 내년에 도모하고, 10년, 100년까지 가도 좋다. 만일 우리 대에서 목적을 이루지 못하면 아들 대, 손자 대에 가서라도 반드시 대한의 독립권을 회복해야 한다. 그렇게 해서 미리 준비하고 뒷일도 준비해 모두 잘 준비한다면 반드시 목적을 달성할 수 있을 것이다. 그러므로 오늘 나온 군사들은 병약하고 나이 많은 이들이라도 상관없다. 우리 다음 청년들이 사람을 조직하고 민심을 단합하며, 청장년을 교육해 미리 준비하고 산업에도 힘써 실력을 양성한 후에라야 큰일을 쉽게 이룰 것이다. 모두들 어떠한가?"

이렇게 묻자 찬동하지 않는 사람이 많았다. 그 원인은 이곳 풍습이 완고하고 대부분이 권력과 재산이 있는 사람들이고, 주먹 세고 관직이 높은 사람들이며, 나이 많은 사람들이었다. 나는 이 중 한 가지 권력도 가지지 못했으니 어찌 능히 행동할 수가 있겠는가.

그래서 마음이 불편해 물러나고 싶은 생각도 있었으나 이미 내친걸음이라 어찌할 도리가 없었다.

일본군을 사로잡아
풀어주다

의병들을 거느리고 부대를 여럿 나누어 두만강을 건너니, 때는 1908년 6월이었다.

낮에는 엎드려 숨어 있고 밤길을 걸어 함경북도에 이르렀다. 그 사이 일본군과 몇 차례 충돌해 피차간에 죽거나 상하고 사로잡힌 자도 있었다.

그 와중에 일본 군인과 장사치들을 사로잡아 물어보았다.

"그대들은 모두 일본국 신민들이다. 왜 천황의 뜻을 받들지 않는가? 러일전쟁을 시작할 때 동양 평화와 대한 독립을 보장한다 해놓고는 오늘에 와서 이렇게 다투고 침략하니 이것이 역적 강도짓이 아니고 무엇이냐?"

그랬더니 그들이 눈물을 흘리며 대답했다.

"그것은 우리의 본심이 아니라 부득이한 사정에서 나온 것입니다. 세상에 나서 살기를 원하고 죽기를 싫어하는 것은 사람의 정입니다. 더구나 우리가 만 리 바깥 싸움터에서 주인 없는 원혼이 될 처지이니 어찌 통분하지 않겠습니까. 오늘 이렇게 된 것은 이토 히로부미의 죄입니다. 천황의 뜻을 받들지 않고 제 마음대로 권세를 주물러 귀중한 생명을 무수히 죽이고 자기는 편안히 누워 복을 누리고 있으니, 우리 역시 분개한 마음이 없지 않으나 사태를 어찌할 수 없어 이 지경에 이르렀습니다. 그러니 훗날 역사적 판단이 어찌 없겠습니까. 우리는 농사짓고 장사하던 백성일 뿐입니다. 이처럼 나라에 폐단이 생기고 백성들이 고달픈데 평화를 돌아보지 않고 일본이 편안하기를 어찌 바랄 수 있겠습니까. 우리가 비록 죽기는 하나 통탄스럽기 그지없습니다."

통곡하기를 그치지 않았다.

"내가 그대들이 하는 말을 들으니 과연 충의로운 사람들이라 하겠다. 그대들을 놓아 보내줄 것이니 돌아가거든 그 같은 나쁜 우두머리는 쓸어버려라. 만일 그 같은 간교한 무리가 까닭 없이 이웃나라와 계속 전쟁을 일으키고 여론을 그릇되게 이끄는 자가 있거든 그들을 쓸어버리면 10명이 넘기 전에 동양 평화를 이룰 수 있을 것이다. 그대들이 그렇게 할 수 있겠는가?"

그들이 기뻐 날뛰며 그렇게 하겠다고 해서 곧 풀어주었다. 그랬더니 그들이 말했다.

"총 없이 돌아가면 군율을 면하기 어려울 텐데 어떻게 하면 좋겠습니까?"

이에 총을 돌려주겠다 하고는 다시 일렀다.

"그대들은 속히 돌아가서, 훗날에도 사로잡혔다는 이야기는 결코 입 밖에 내지 말고 삼가 큰일을 꾀하라."

그들은 천 번 만 번 감사하면서 돌아갔다.

아무리 뜻을 한데
모은들

그 일로 우리 군사들이 불평했다.

"어째서 사로잡은 적을 놓아주는 것이오?"

"현재 만국 공법에 사로잡은 적병을 죽이는 법은 없다. 가두어 두었다가 훗날 배상을 받고 돌려보내주는 것이다. 더구나 그들이 말하는 것이 진정에서 나오는 의로운 말이라, 놓아주지 않고 어쩌겠는가."

"적들은 우리 의병을 사로잡으면 남김없이 참혹하게 죽이고 있소. 우리도 적을 죽일 목적으로 이곳에 와서 풍찬노숙하는 것이오. 그런데 애써서 사로잡은 놈들을 몽땅 놓아 보낸다면 우리는 무엇을 목적으로 싸우는 것이오?"

"그렇지 않다. 적들이 그처럼 나쁜 짓을 하는 것은 하느님과 사람들이 함께 노하는 것이다. 우리마저 야만 된 행동을 하고자 하는가? 또 일본의 4천만 인구를 모두 다 죽인 뒤에 국권을 회복하려는가? 적을 알고 나를 알면 백 번 싸워도 백 번 이기는 것이다. 지금 우리는 약하고 저들은 강하니 무조건 싸울 수는 없다. 충성된 행동과 의로운 거사로 이토의 포악한 정략을 공격해 세계에 널리 알려 열강의 동정을 얻은 다음에 야 한을 풀고 국권을 회복할 수 있을 것이다. 그것이 이른바 약한 것으로 강한 것을 물리치고 어진 것으로 악한 것을 대적 한다는 것이다. 그대들은 부디 더 말하지 말라."

이렇게 간곡하게 타일렀으나 대부분이 내 의견에 따르지 않았고, 장교들 중에는 부대를 나누어 멀리 가는 사람까지 있 었다.

그 뒤 일본군이 습격해 4, 5시간 싸우는 동안 폭우가 쏟아 지고 날은 저물어 지척을 분간하기 어려웠다.

장졸들이 이리저리 흩어져 얼마나 죽고 살았는지조차 가늠 할 수 없었다. 형세를 어쩔 도리가 없어 수십 명과 숲 속에서 밤을 지냈다.

이튿날 60 내지 70명이 다시 만나 그 동안의 사연을 물었 더니 각각 대를 나누어 흩어져 갔다고 했다.

여러 사람이 이틀이나 먹지 못해 제각기 살려는 생각만 가졌다. 그 지경을 당하고 보니 창자가 끊어지고 간담이 찢어지는 것 같지만 형세를 어찌할 수 없었다. 여러 사람의 마음을 달랜 뒤에 마을로 들어가 보리밥을 얻어먹고서 굶주림과 추위를 면했다.

그러나 의병들의 마음은 복종함이 없고 기율도 따르지 않아, 질서 없는 무리를 데리고서는 비록 손자나 제갈공명이 되살아나도 어찌할 수 없을 것 같았다.

그래도 다시 흩어진 무리를 찾고 있을 즈음에 마침 복병을 만나 저격을 받고는 남은 사람들마저 흩어져 다시는 모으기가 어려웠다.

10부

모진 세상을
만나

동지를 모아 몸을
추스르다

혼자 산 위에 앉았다.

'어리석도다. 나 자신이여. 저 같은 무리를 데리고 무슨 일을 꾀할 수 있을 것인가. 누구를 탓하고 누구를 원망하랴.'

자탄하고 다시 용기를 내어 앞으로 나가 사방을 수색했다. 다행히 서너 사람을 만나 의논했다.

"어떻게 하면 좋겠는가?"

그랬더니 그들의 의견이 모두 달라, 어떤 이는 목숨 닿는 대로 살아야지 하고, 어떤 이는 자살하고 싶다 하고, 또 어떤 이는 일본군에 투항하겠다고 했다. 나는 여러 생각을 하다가 동지들에게 시 한 수를 읊어주었다.

사나이 뜻을 품고 나라 밖에 나왔다가
큰일을 이루지 못하니 몸 두기 어려워라
바라건대 동포들아 죽기를 다짐하고
세상에 의리 없는 귀신은 되지 말자

"그대들은 각자 뜻대로 하라. 나는 산 아래로 내려가 일본 군과 더불어 한바탕 장쾌하게 싸워 대한 2천만 중 한 사람의 의무를 다한 다음에 죽어도 한이 없겠다."

그러고는 총을 들고 적진을 향하자, 그중 한 사람이 뒤따르며 나를 붙들고 통곡했다.

"공의 생각은 큰 잘못이오. 공은 다만 한 개인의 의무만 생각하고 수많은 생명과 훗날의 큰 사업은 돌아보지 않겠다는 것이오? 오늘의 형세로는 비록 죽는다 해도 아무 의미가 없소. 천금같이 소중한 몸인데 어찌 초개같이 버리려는 것이오? 지금 마땅히 다시 강동(러시아의 지명)으로 건너가서, 기회를 기다리다 다시 큰일을 도모하는 것이 이치에 맞는 일인데 어찌 깊이 헤아리지 않는 것이오?"

그래서 생각을 돌이켰다.

"그 말이 참으로 옳소. 옛날 초패왕 항우가 오강에서 자결

한 데는 두 가지 뜻이 있었는데, 하나는 무슨 면목으로 다시 강동의 어른들을 만날 수 있겠느냐는 것이며, 또 하나는 작은 강동에 가서 족히 왕이 될 만하다는 말에 천하 영웅으로 분개해 화가 나서 스스로 죽은 것이오. 항우가 죽고 나니 천하에 항우가 없어진 것이라 어찌 아깝지 않겠소. 오늘 내가 한 번 죽으면 세상에 다시는 내가 없을 것은 분명하오. 무릇 영웅은 능히 굽히기도 하고 능히 버티기도 하는 것이라, 목적을 성취하기 위해 마땅히 공의 말을 따르겠소."

비로소 4명이 함께 길을 찾을 즈음 다시 3, 4명을 만났다.

풍찬노숙과
기아

"우리가 대낮에 적진을 뚫고 가기 어려울 것이라 밤길을 걷는 것만 못하다."

그날 밤 장맛비가 퍼붓기 때문에 지척을 분간하기 어려워 길을 잃고 서로 흩어져, 나와 두 사람만 남았지만 모두 그곳 지리를 알지 못했다.

구름과 안개가 하늘에 차고 땅을 덮어 동서를 분간하지 못해 어찌할 길이 없었다. 더구나 산은 높고, 골은 깊으며, 인가도 전혀 없었다. 이렇게 헤매기를 4, 5일이 지나는 동안 밥한 끼도 먹지 못해 배는 고프고 신발조차 신지 못해 춥고 배고픈 고생스러움을 견디기가 어려웠다.

그래서 풀뿌리를 캐어 먹고, 담요를 찢어 발을 싸매고, 서로 위로하고 보호하면서 가노라니 멀리서 개 짖는 소리가 들려왔다.

두 사람에게 당부했다.

"내가 먼저 마을로 내려가서 밥도 얻고 길도 물어 올 것이니, 두 사람은 숲속에서 내가 돌아오기를 기다리시오."

인가를 찾아 내려갔더니, 그 집은 마침 일본 병사의 초소였다. 일본 병사들이 횃불을 밝혀 들고 문으로 나오기에, 황급히 몸을 피해 산속으로 돌아와 두 사람과 함께 달아났다. 기력이 다하고 정신이 어지러워 땅에 쓰러졌다가 다시 정신을 차렸다.

'죽어도 속히 죽고 살아도 속히 살게 해주소서.'

하늘을 향해 기도하고, 냇물을 배가 부르도록 마신 뒤 나무 아래에 누워 밤을 지새웠다.

이튿날 두 사람은 괴로운 탄식을 그치지 않아 타일렀다.

"너무 걱정하지 마시오. 사람의 목숨은 하늘에 매인 것이니 걱정할 것이 없소. 사람은 어려운 곤란을 겪은 다음에야 큰일을 이루는 것이오. 죽음을 각오해야 비로소 살아나는 것이오. 이렇게 낙심한다고 해서 무슨 득이 되겠소. 하늘의 뜻을 기다려봅시다."

이렇게 큰소리쳤으나 나 또한 어찌할 방법이 없었다. 그래서 스스로 다짐했다.

'옛날 미국 독립의 주인공인 워싱턴은 7, 8년 동안 풍진 속에서 그 많은 곤란과 고초를 어찌 참고 견뎠을까? 참으로 만고에 둘도 없는 영웅이로다. 내가 만일 훗날에 일을 성취하면 반드시 미국으로 가서 워싱턴을 위해 추모하고 숭배하며 뜻을 같이하리라.'

산속의
세례

 그날 우리 세 사람은 죽고 사는 것을 돌보지 않고 대낮에도 인가를 찾다가 다행히 한 집을 찾았다. 집주인을 불러 밥을 빌었더니 그 주인이 조밥 한 사발을 주면서 말했다.

 "여기에 머뭇거리지 말고 어서 가시오. 빨리 가시오. 어제 아랫마을에 일본 병사들이 와서 죄 없는 양민을 다섯이나 묶어 가서, 의병들에게 밥을 주었다는 구실로 쏘아 죽였소. 나를 원망하지 말고 어서 가시오."

 우리는 더 이상 말하지 않고, 밥을 받아 산으로 올라와 세 사람이 갈라 먹었는데, 그처럼 맛있는 밥은 세상에서 다시는 더 맛볼 수 없을 것이다. 하늘 위에 있는 신선 요리 같았다. 그때는 굶은 지 6일이나 지났다.

다시 산을 넘고 내를 건너 방향도 모른 채 가는데, 언제나 낮에는 엎드려 숨고 밤길을 걸었다. 게다가 계속되는 장맛비로 고초는 더욱 심했다.

며칠 뒤, 또 한 집을 찾아 주인을 불렀더니 주인은 이렇게 말했다.

"너는 필시 러시아에 입대한 자일 것이니 일본군에 묶어 보내야겠다."

몽둥이로 때리고 같은 패거리를 불러 나를 묶으려 했다. 형세가 어쩔 수 없어 몸을 피해 도망쳤다. 마침 좁은 길목을 지나는데, 일본 병사와 지척을 사이에 두고 서로 맞부딪치자 일본 병사가 나를 향해 총을 쏘았으나 다행히 맞지 않았다.

급히 두 사람과 함께 산속으로 피해 다시는 감히 큰길로 나가지 못하고 다만 산골로만 다녔다.

여러 날 동안 밥을 한 톨도 얻어먹지 못해 춥고 배고픔이 전보다 더 심했다. 그래서 두 사람에게 권했다.

"두 형은 내 말을 믿고 들으시오. 세상 천지간의 큰 임금이요 큰 아버지인 천주님을 신봉하지 않으면 금수만도 못하오. 더구나 오늘 우리는 죽음을 면하기 어려워졌으니, 속히 천주 예수의 진리를 믿어 영원한 생명을 얻는 것이 어떻소? 옛글에도 아침에 도를 얻으면 저녁에 죽어도 여한이 없다 했소. 형들은 속히 지난날의 허물을 회개하고 천주님을 믿어 구원받는 것이 어떻소?"

그러고는 천주가 만물을 창조하신 일과, 지극히 공평되고 지극히 의롭고 선악을 구별하는 도리와, 예수 그리스도가 세상에 내려오셔서 구속하는 일들을 낱낱이 설명했다. 그 말에 두 사람은 천주를 믿겠노라 해, 곧 교회의 규칙에 따라 사제를 대신해 세례를 베풀어주었다.

연해주로
돌아오다

예를 마치고 다시 인가를 찾았다. 다행히 깊은 산 외진 곳에 집 한 채를 만나 문을 두드리자 한 노인이 나와 안으로 맞아들였다. 인사를 마치고 밥을 달라고 청하자 음식상을 가득히 차려 왔다.

염치 불고하고 한바탕 배부르게 먹은 뒤에 정신을 차려 생각해보니, 지난 12일 동안 겨우 두 끼를 먹고 목숨을 건져 여기까지 온 것이었다. 노인에게 크게 감사하면서 전후에 겪은 고초를 낱낱이 이야기했다.

"이렇게 나라가 위급한 때를 만나, 그 같은 고난은 국민의 의무요. 더구나 좋은 일이 다하면 슬픔이 오고 쓴맛이 끝나면 단맛이 온다는 말이 있지 않소. 너무 걱정하지 마시오. 다만 일본 병사들이 곳곳을 뒤지고 있으니 길을 찾기가 어려울 것이오. 그러니 내가 알려주는 대로 하시오."

노인은 어디로 해서 어디로 가면 편리하며 두만강이 멀지 않으니 속히 건너가, 훗날 좋은 기회를 만나 큰일을 도모하라고 타일렀다.

내가 그의 이름을 물었으나 노인은 웃으면서 깊이 물을 것 없다며 대답하지 않았다.

노인에게 감사하고 작별한 뒤에 그의 말대로 따라, 며칠 뒤에 세 사람 모두 무사히 강을 건넜다. 그때서야 겨우 마음을 놓고 한 마을에 이르러 며칠을 편안히 쉰 다음, 비로소 옷을 벗어 살펴보니 거의 다 썩어 몸을 가릴 수가 없었고 이가 득실거려 그 수를 헤아릴 수조차 없었다.

출전한 뒤로 전후 날짜를 세어보니 무릇 1달 반인데, 집 안에서 자본 일이 없어 언제나 한데서 밤을 지냈으며, 장맛비가 그칠 사이 없이 내려, 그 동안의 고초는 글로 다 적기 어려울 정도였다.

—

11부

피로 결의한
대한 독립

일진회 잔당에게
사로잡히다

우리는 러시아 영토인 엔치야에 이르렀다. 친구들이 우리를 알아보지 못했는데, 피골이 상접해 옛적 모습이 없었기 때문이다. 천만 번 생각해도 하늘의 도움이 아니었다면 살아 돌아올 길이 없었다.

그곳에서 10여 일 묵는 동안 그곳 동포들이 환영연을 준비해 청했지만 사양했다.

"패한 장수가 무슨 면목으로 여러분의 환영을 받을 수가 있겠소."

그랬더니 여러 사람이 말했다.

"한 번 이기고 한 번 지는 것은 군사에 언제나 있는 일이니 무엇이 부끄럽소. 더구나 그처럼 어려운 고비를 헤쳐 무사히 살아 돌아왔으니 어찌 환영해야 할 일이 아니겠소."

그 후 다시 그곳을 떠나 하바로프스크 방면으로 향했다.

기선을 타고 흑룡강 상류 수천여 리를 시찰했으며, 한국인 유지의 집을 방문한 뒤에 수찬 등지에 이르러, 교육에 힘쓰기도 하고 모임을 조직하기도 하면서 여러 곳을 다녔다.

어느 날, 산골짜기 외딴곳에 이르자 갑자기 어디에선가 6, 7명의 흉악범이 뛰어나와 나를 잡아 묶고 외쳤다.

"의병 대장을 잡았다!"

이 말에 동행한 우리 무리 중 몇 사람은 도망치고 말았다.

"너는 어째서 정부에서 금하는 의병 활동을 하느냐?"

"현재 우리 대한 정부는 형식상으로는 있는 것 같지만, 실은 이토 히로부미 한 개인의 정부다. 대한 민족이 정부의 명령에 복종한다는 것은 실상 이토에게 복종하는 것이다."

그놈들은 나를 죽여야 한다며 수건으로 내 목을 묶어 눈 바닥에 쓰러뜨리고 때렸다. 큰 소리로 꾸짖었다.

"너희들이 여기서 나를 죽이면 무사할 것 같으냐! 나와 동행했던 두 사람이 도망해 여기를 빠져나갔는데, 그 둘이 반드시 우리 동지들에게 알릴 것이다! 너희들을 모조리 죽일 것이니, 알아서 해라!"

저들도 내 말을 듣고는 서로 귓속말로 속삭이더니 나를 죽여서는 안 되겠다고 의논하는 것 같았다.

이윽고 나를 끌고 산속 어느 초가집에 들어가 어떤 놈은 나를 때리고 어떤 놈은 말려 좋은 말로 타일렀다. 그들은 아무 말도 대답하지 않고 있다가, 김 아무개에게 네가 처음 끌어낸 일이니 네 마음대로 해도 우리는 상관하지 않겠다고 하자, 그 김 아무개라는 자가 나를 끌고 산 아래로 내려갔다.

내가 한편으로 타이르고 한편으로 저항했더니 그도 어찌할 수 없는지 아무 말도 없이 물러가고 말았다. 그들은 모두 일진회의 남은 잔당들로, 본국에서 이곳으로 피난해 와 살면서 내가 지나간다는 이야기를 듣고 그와 같은 행동을 한 것이다.

나는 빠져나와 죽음을 면하고, 친구 집을 찾아가 상한 데를 치료하며 그해 겨울을 지냈다.

피로 결의한
대한 독립

이듬해인 1909년, 엔치야에 돌아와서 동지 12명과 같이 상의했다.

"우리가 이제까지 아무 일도 이루지 못했으니 남의 비웃음을 면하기 어려울 것이오. 뿐만 아니라 강력한 조직이 없으면 어떤 일도 달성하기가 어려울 것인즉, 오늘 우리는 손가락을 끊어 다짐을 같이 하고 증거를 보인 다음, 마음과 몸을 하나로 묶어 나라를 위해 몸을 바쳐, 기어이 목적을 달성하도록 하는 것이 어떻소?"

모두가 그대로 따르겠다고 해, 마침내 12명이 각각 왼 손가락을 끊어 그 피로 태극기에 글자 넉 자를 크게 쓰니 '大韓獨立'(대한독립)이었다. 쓰기를 마치고 대한 독립 만세를 부른 다음 하늘과 땅에 맹세하고 흩어졌다.

그 뒤에 여러 곳을 왕래하며 교육에 힘쓰고 국민의 뜻을 모으고 신문을 구독하는 것으로 일을 삼았다.

그때 정대호의 편지를 받고 고향 소식을 자세히 들었다. 그에게 가족들을 데리고 오는 일을 부탁하고 돌아왔다.

봄여름 사이에 동지 몇 명과 함께 한국으로 건너가 동정을 살피려 했다. 그러나 활동비를 마련할 길이 없어 목적을 이루지 못한 채 세월만 보내다가 가을이 되니 때는 곧 1909년 9월이었다.

이토 히로부미의
행방

당시 나는 엔치야에 머물러 있었는데, 하루는 아무 까닭도 없이 마음이 울적하고 초조함을 이길 수 없어 진정하기 어려웠다. 그래서 친구 몇 사람에게 말했다.

"블라디보스토크로 가려 하오."

"왜 그러는 것이오? 왜 아무런 기약도 없이 졸지에 가려는 것이오?"

"나도 그 까닭을 모르겠소. 도저히 이곳에 더 머물고 있을 생각이 없어 떠나려는 것이오."

그들이 다시 물었다.

"이제 가면 언제 오는 것이오?"

무심중에 대답했다.

"다시 돌아오지 않겠소."

그들은 모두 이상하게 생각했고, 나 역시 순간적으로 그런 대답을 했을 뿐이다. 그래서 서로 작별하고 보로실로프에 이르러 기선에 올라탔다.

블라디보스토크에 이르니 이토 히로부미가 얼마 지나지 않아 이곳에 올 것이라는 소문이 자자했다. 자세한 내용을 알고 싶어 신문을 보았더니 가까운 시일에 하얼빈에 도착한다는 것이 참말이요 의심할 여지가 없었다.

'소원하던 일을 이제야 이루게 되다니! 늙은 도둑이 내 손에서 끝나는구나!'

남몰래 기뻐했다. 그러나 여기에 온다는 소문은 아직 정확하지 않은 말로, 하얼빈에 가 본 후에야 일의 성공 여부가 결정될 것이라 생각했다.

곧 떠나고 싶었으나 활동비를 마련할 길이 없어 궁리 끝에 이곳에 사는 황해도 의병장 이석산을 찾아갔다. 이 씨는 외출하려고 문을 나서는 참이라, 그에게 돈 100원만 꾸어 달라고 청했다. 그러나 그는 들어주지 않았다. 사태가 여기에까지 이르자, 하는 수 없이 그를 위협해 100원을 강제로 빼앗아 돌아오니, 일은 반이나 이루어진 것 같았다.

12부

|

하얼빈에 울린
총성

하얼빈으로
가는 길

이때 동지 우덕순을 만나 계책을 비밀히 약속했다. 그 다음 각기 권총을 휴대하고 기차를 타고 가면서 생각하니, 두 사람이 러시아말을 전혀 몰라 걱정이 적지 않았다.

도중에 스이펜호에 이르러 유동하를 찾아가서 부탁했다.

"지금 내가 가족들을 맞이하기 위해 하얼빈으로 가는데, 러시아말을 몰라 답답하네. 자네가 같이 가서 통역도 해주고 여러 가지 일을 주선해줄 수 없겠는가?"

"나도 약을 사러 하얼빈으로 가려는 참이라 같이 가는 것이 참 잘된 일이오."

우리는 곧 동행이 되었다.

이튿날 하얼빈에 있는 김성백의 집에서 유숙하고, 신문을 보며 이토가 오는 날짜를 다시 확인했다.

그 이튿날 남쪽으로 창춘 등지로 가서 거사하고도 싶었다. 그러나 유동하가 본시 나이가 어려 곧 집으로 돌아가겠다고 해서 다시 통역할 사람을 얻으려 했다. 때마침 조도선을 만나 가족들을 맞이하기 위해 동행해서 남쪽으로 가자고 했더니 그가 바로 승낙했다.

그날 밤은 김성백의 집에서 묵었다. 그때 활동비가 부족할 것이 걱정스러워 유동하를 시켜 김성백에게 50원을 빌려오라고 보냈으나 김 씨가 밖에 나가고 없었다.

홀로 차디찬 여관방에서 장차 행할 일을 생각하며 비분강개한 마음을 이길 길 없어 노래 한 수를 읊었다.

장부가 세상에 처함이여 그 뜻이 크도다
때가 영웅을 지음이여 영웅이 때를 지으리로다
천하를 응시함이여 어느 날에 업을 이룰고
동풍이 점점 차가워 장사의 의기가 뜨겁도다
분개히 한 번 가면 반드시 목적을 이루리로다
쥐도적 이토여 어찌 즐겨 목숨을 비길고
이에 이를 줄 헤아렸을까 사세가 고연하도다

동포 동포여 속히 대업을 이룰지어다
만세 만세여 대한 독립이로다
만세 만만세여 대한 동포로다

옮기를 마치고, 다시 편지 한 장을 써서 블라디보스토크에 있는 대동공보 신문사에 붙이려 했다. 그 뜻은 첫째 우리가 행하는 목적을 신문지상에 널리 알리자는 것이며, 또 한 가지는 유동하가 만일 김성백에게서 돈 50원을 꾸어 온다면 갚아줄 빙책이 없었기 때문에, 대동공보 신문사에서 갚아주도록 하는 핑계로 말한 것이니, 그것은 잠깐 동안의 잔꾀였다.

편지를 끝마치자 유동하가 돌아왔는데, 돈 빌려오는 일이 잘되지 못했다고 해 그날 밤을 뜬눈으로 지새웠다.

불안한
밤

　다음날 이른 아침 우덕순, 조도선, 유동하 세 사람과 함께 정거장으로 가서 남청 열차가 서로 만나는 정거장이 어디 있는가를 역원에게 물으니 지야이지스고라고 했다.

　유 씨와 작별한 뒤에 나는 곧 우덕순, 조도순 두 사람과 함께 열차를 타고 남행해 그곳에 이르렀다. 여관을 정하고 정거장으로 가서 역무원에게 물어보았다.

　"이곳에 기차가 매일 몇 차례나 내왕하는가?"

　역무원이 대답했다.

　"매일 세 번씩 내왕하는데, 오늘 밤에는 특별열차가 하얼빈에서 창춘으로 떠나, 일본 대신 이토를 영접해 모레 아침 6시에 여기에 이를 것이다."

이처럼 분명한 정보는 처음 듣는 소식이었다. 그래서 다시 깊이 생각했다.

'모레 아침 6시쯤이면 날이 밝기 전이니 이토가 정거장에 내리지 않을 것이며, 설령 차에서 내려 시찰한다 해도 어둠 속이라 분간할 수 없을 것이다. 더구나 내가 이토의 모습을 모르는데 어찌 정확히 일을 치룰 수가 있을 것인가.'

그래서 다시 창춘 등지로 가보고 싶어도 노자가 부족하니 어쩌면 좋을지 이런저런 생각에 마음만 몹시 괴로웠다.

유동하에게 전보를 쳤다.

'우리는 여기 이르러 하차했다. 만일 그곳에 긴급한 일이 있거든 전보를 쳐주길 바란다.'

오후 늦게 답전이 왔으나 그 말뜻이 분명하지 않아 혼란만 더해, 그날 밤 다시 좋은 방책을 생각하고 이튿날 우덕순과 상의했다.

"우리가 이곳에 같이 있는 것은 좋은 방법이 아니다. 첫째는 돈이 부족하고, 둘째는 유 씨의 답전이 분명하지 않고, 셋째는 이토가 내일 새벽에 여기를 지나갈 터인즉 일을 치르기가 어렵기 때문이다. 이번 기회를 놓치면 다시는 일을 도모하기가 어려울 것이다. 따라서 그대는 여기 머물러 기회를 기다려 행동하고, 나는 오늘 하얼빈으로 돌아가 두 곳에서 일을 치르면 더욱 확실할 것이다. 만일 그대가 일을 성공하지 못하면 내가 성공하고, 내가 성공하지 못하면 그대가 성공해야 할 것이다. 두 곳에서 다 뜻대로 되지 않는다면 다시 활동비를 마련해 다음에 거사하는 것이 가장 좋은 방책일 것이다."

그렇게 서로 작별하고, 기차를 타고 하얼빈으로 돌아와 유동하를 만나 전보의 글 뜻을 물었다. 그러나 유동하의 답변이 역시 분명하지 않아 꾸짖었더니 유동하는 말도 없이 문밖으로 나가버렸다. 그날 밤, 김성백의 집에서 잤다.

이토 히로부미를
처단하다

이튿날 아침 일찍 양복 한 벌을 갈아입은 뒤에 단총을 지니고 정거장으로 나가니, 오전 7시쯤이었다.

그곳에 이르니, 러시아 고관과 군인들이 많이 나와 이토를 맞이할 준비를 하고 있었다. 나는 찻집에 앉아 차를 마시며 기다렸다.

9시쯤 되어 특별열차가 도착했다. 환영 인파가 인산인해였다. 동정을 엿보며 생각했다.

'어느 시각에 저격하는 것이 좋을까?'

미처 결정을 내리지 못할 즈음, 일행이 기차에서 내려오자 의장대가 경례하고 군악 소리가 울리며 귀를 때렸다. 그 순간 분함이 용솟음치고 삼천길 업화가 머릿속에 치솟아 올랐다.

'어째서 세상 일이 공평하지 못한가. 슬프다. 이웃 나라를 강제로 빼앗고 사람의 목숨을 참혹하게 해치는 자는 날뛰며 천지를 횡행하고 다니는데 어질고 약한 우리 민족은 왜 곤경에 빠져야 하는가?'

울분을 참으며 용기 있게 뚜벅뚜벅 걸어, 군대가 늘어서 있는 뒤편에 이르렀다. 러시아 관리들이 호위하고 오는 사람들 중에 맨 앞에 누런 얼굴에 흰 수염을 한 조그마한 늙은이가 있었다.

'저자가 이토일 것이다.'

생각하고 바로 단총을 뽑아 그를 향해 4발을 쏜 다음, 생각해보니 그자가 정말 이토인지 의심이 났다. 내가 본시 이토의 얼굴을 모르기 때문이었다.

만약 잘못 쏘았다면 일이 낭패가 되는 것이다. 그래서 다시 뒤쪽을 보니, 일본인 무리 가운데 가장 의젓해 보이는, 앞서 가는 자를 향해 3발을 이어 쏘았다. 만일 관련 없는 사람을 쏘았다면 일을 어찌하나 주춤하는 사이에 러시아 헌병이 나를 체포하니, 1909년 10월 26일 상오 9시 반쯤이었다.

하늘을 향해 큰 소리로 대한 만세를 세 번 부른 다음 헌병대로 붙잡혀 갔다.

그를 저격한
이유

검거된 뒤 러시아 검찰관이 한국인 통역과 같이 와서, 성명과 어느 나라 어느 곳에 살며, 어디로부터 와서 무슨 까닭으로 이토를 해쳤는가를 물었다. 나는 대강 설명해주었으나 통역하는 한국인의 말을 잘 알아들을 수 없었다.

당시 사진을 찍는 자가 3, 4명이 있었다. 오후 8시쯤 러시아 헌병 장교가 와서 함께 마차를 타고 일본 영사관에 이르러 나를 넘겨주고 가 버렸다.

그 뒤에 이곳 관리가 2차례 신문했고 4, 5일 뒤에 미조부치 검찰관이 와서 다시 신문하기에 전후 일에 관해 세세하게 진술했다.

검찰관이 이토를 저격한 이유를 물어 이렇게 대답했다.

1. 대한제국 명성황후를 시해한 죄.

2. 대한제국 황제를 폐위시킨 죄.

3. 5조약과 7조약을 강제로 체결한 죄.

4. 무고한 한국인들을 학살한 죄.

5. 국권을 강탈한 죄.

6. 철도, 광산, 산림, 천강을 강제로 빼앗은 죄.

7. 제일은행권 지폐를 강제로 사용하게 한 죄.

8. 대한제국 군대를 해산시킨 죄.

9. 교육을 방해한 죄.

10. 한국인들의 외국 유학을 금지시킨 죄.

11. 교과서를 압수해 불태워 버린 죄.

12. 한국인이 스스로 일본인의 보호를 받고자 한다고 세계에 거짓말을 퍼뜨린 죄.

13. 대한제국과 일본 사이에 분쟁이 쉬지 않고 살육이 끊이지 않는데, 대한제국이 태평무사한 것처럼 위로 천황을 속인 죄.

14. 동양 평화를 깨뜨린 죄.

15. 일본 천황의 아버지 고메이를 죽인 죄.

러시아 검찰관이 다 듣고 난 뒤에 놀라워했다.

"지금 진술하는 말을 들으니, 당신은 참으로 동양의 열사라 하겠소. 당신은 열사이니까 사형 받을 일은 없을 것이니 걱정하지 말라."

"내가 죽고 사는 것은 논할 것이 없고, 이 뜻을 속히 일본 천황에게 알려라. 그래서 속히 이토의 옳지 못한 정략을 고쳐서, 동양의 위급한 형세를 바로잡기를 간절히 바란다."

말을 마치자 지하실 감옥에 가두었다. 다시 4, 5일 뒤에 "오늘은 뤼순으로 이송할 것이다"라고 했다.

당시 우덕순, 조도선, 유동하, 정대호, 김성옥과 얼굴을 알지 못하는 사람 2, 3명이 함께 결박되어, 정거장에 이르러 기차를 타고 떠났다.

이날 창춘 헌병대에서 밤을 지내고, 이튿날 다시 기차를 타고 어느 정거장에 닿았는데, 일본 순사 하나가 올라와서 갑자기 내 뺨을 주먹으로 후려갈기자 내가 화가 나서 욕을 했다.

헌병 장교가 그 순사를 끌어내린 뒤에 내게 말했다.

"일본과 대한국 사이에는 좋지 못한 사람이 많으니 화내지 마시오."

이튿날 뤼순에 이르러 감옥에 갇히니, 때는 1909년 11월 3

일이었다.

감옥에 갇힌 뒤로 여러 사람과 차츰 가까이 지내는 중에 전옥과 간수계장 그리고 일반 관리들도 나를 후대해, 이것이 참인가 꿈인가 의심했다.

'같은 일본인인데 어째서 서로 다른가? 대한에 와 있는 일본인들은 포악하기가 이루 말할 수 없는데, 뤼순에 있는 일본인은 어째서 후한가? 서로 종자가 달라서 그런 것인가? 대한에 있는 일본인들은 권세를 쥔 이토가 악하기 때문에 그러하고, 뤼순에 있는 일본인들은 이곳 도독이 인자해서 그 덕에 감화되어 그런 것인가?'

아무리 생각해도 그 까닭을 알지 못했다.

그 뒤에 미조부치 검찰관이 한국어 통역관 소노키와 함께 감옥으로 와서 10여 차례 신문했다. 그 동안 주고받은 이야기들은 검찰관의 기록 속에 상세하게 실려 있기 때문에 구태여 다시 쓰지 않는다.

고마운
사람들

검찰관은 늘 내게 후대하고, 신문한 뒤에는 언제나 담배를 주기 때문에 담배를 피우며 토론도 하고, 동정하는 빛이 그 얼굴에 나타났다.

하루는 영국과 러시아 변호사가 찾아왔다.

"우리는 블라디보스토크에 있는 한국인들의 위탁을 받아 변호하려는 것이오. 이미 법원의 허가를 받았으니 공판하는 날 다시 만나겠소."

속으로 크게 놀라고, 한편으로는 의심했다.

'일본의 문명 수준이 여기까지 온 것인가? 오늘 영국, 러시아 변호사들의 접견을 허용해주는 것을 보니 과연 세계에서 일등 국가의 행동이라 할 만하다. 그렇다면 내가 오해했던 것인가? 내가 과격한 수단을 쓴 것이 망동이었던가?'

이때 조선총독부 경시 일본인 사카이 씨가 왔는데, 한국어를 잘하는 사람이라 날마다 만나 이야기를 나누었다.

대한과 일본 두 나라 사람이 서로의 의견을 주고받으니, 처지는 서로 다를망정 개인적인 인정으로 친근해져 정다운 옛 친구와 다를 것이 없었다.

어느 날 사카이 경시에게 물었다.

"일전에 영국과 러시아 두 나라 변호사가 여기 왔는데, 그것은 일본 법원이 정식으로 허가해준 것인가?"

그가 대답했다.

"참말로 그러하다."

다시 물었다.

"과연 그렇다면 동양에서는 특별한 사례다. 그렇지 않다면 내 일에 해로울지언정 이로움은 없을 것이다."

웃으며 헤어졌다.

전옥 구리하라 씨와 간수계장 나카무라 씨는 항상 나를 보호해주고 후대했다. 매주 목욕을 시켜주고, 날마다 오전 오후 2차례씩 사무실로 데리고 나와 고급 담배, 서양과자와 차를 주기에 배불리 먹기도 했다. 또 하루 세 끼 쌀밥을 주었고, 좋은 내복으로 갈아입히고, 솜이불 네 벌을 특별히 주었으며, 과일을 날마다 주었다. 날마다 우유도 1병씩 주었는데, 이것은 통역관 소노키 씨가 특별히 보내준 것이었고, 미조부치 검찰관은 닭고기와 담배 등을 넣어주었다. 이렇게 특별히 대우해준 것을 이루 다 적지 못한다.

11월쯤 친동생 정근과 공근이 진남포로부터 이곳에 와서 반갑게 만나 면회했다. 서로 작별한 지 3년 만이라 생시인지 꿈인지 분간하지 못했다.

그로부터 4, 5일 혹은 10여 일 간격으로 그들을 만나 이야기를 나누었다. 대한 변호사를 청해 올 일과 천주교 신부를 청해 종부성사를 받는 일들을 부탁하기도 했다.

갑자기 달라진
재판

하루는 검찰관이 또 와서 신문하는데, 그 말과 행동이 전과는 아주 딴판이어서, 내게 기합도 주고, 억지소리도 하고, 나를 모멸하기도 했다.

'검찰관의 생각이 돌변한 것은 아마 제 본심이 아니라 딴바람이 불어닥친 것일 것이다. 그야말로 도심은 희미하고 인심은 위태롭다더니 빈말이 아니로구나.'

분한 마음에 이렇게 대답했다.

"일본이 비록 백만 군사와 천만 문의 대포를 갖추었다고 하더라도 안응칠의 목숨 하나 죽이는 권세밖에 또 무슨 권세가 있을 것이냐. 사람이 세상에 나와 한 번 죽으면 그만인데 무슨 걱정이 있을 것이냐. 더이상 대답할 것이 없다. 마음대로 하라."

이때부터 나의 장래 일은 크게 잘못되어져 재판도 그럴 것
으로 예상되었다. 내 의견을 진술할 기회조차 없어졌고, 모
든 사태를 숨기고 속이는 것이 분명했다.

'이것은 굽은 것을 곧게도 만들고, 곧은 것을 굽게도 만들
려는 음모다. 대개 법은 거울과 같아 털끝만큼도 어긋날 수가
없다. 내가 한 일은 그 명분과 목적이 명백한데, 무엇을 숨기
며 무엇을 속일 것이냐. 세상 인정은 잘난이와 못난이를 막론
하고 옳고 아름다운 일은 밖으로 자랑하고 싶고, 악하고 궂은
일은 반드시 숨기고 꺼리는 것이라. 이를 미루어 생각하면 알
수 있다.'

이때 나는 분함을 참을 수 없어 두통이 심했는데 며칠 뒤에
야 나았다. 그 뒤 1달 남짓 무사하게 지났는데 이 또한 이상
한 일이었다.

어느 날 검찰관이 내게 말했다.

"공판일이 일주일 뒤로 정해졌으며, 영국과 러시아 변호사
의 변호는 일체 허가되지 않고, 이곳에 있는 관선 변호사를
쓰게 되었다."

이에 생각했다.

'내가 전날 공판이 공평하고 정의롭게 이루어질 것으로 생각하고 바랐는데 그것은 환상이었고, 이제는 불리한 판결만 남았구나.'

재판관 뜻대로
하라

그 뒤 법정 공판석에 이르렀다. 정대호, 김성옥을 비롯해 5명은 이미 무죄로 풀려 돌아갔고, 다만 우덕순, 조도순, 유동하 3명은 나와 함께 피고로 출석했다. 방청인도 수백여 명이었다.

한국인 변호사 안병찬과 전날 왔던 영국인 변호사 등이 참석했다. 그러나 그들에게 변호권을 주지 않아 다만 방청할 따름이었다.

재판관이 출석해 대강을 심문했다. 내가 자세한 의견을 진술하려 하면 재판관은 회피하며 입을 막아 설명할 기회가 없었다. 이미 그 까닭을 짐작하고 있었기 때문에 기회를 타서 몇 가지만이라도 설명하려 했다. 그랬더니 재판관이 놀라 일어나 방청인들을 내보내고 다른 방으로 물러갔다.

'내 말 속에 칼이 들어 있어 그러는가? 아니면 내 말 속에 총과 대포가 들어 있어 그러는가? 맑은 바람 한 번 불자 쌓였던 먼지가 모두 흩어지는 것과 같아서 그런 것이리라. 이것은 다른 까닭이 아니다. 내가 이토의 죄명을 말하는 중에 일본 고메이 천황을 죽인 대목에 이르자 재판을 중지하고 만 것이리라.'

조금 뒤에 다시 출석한 재판관은 나를 꾸짖었다.

"다시는 그 같은 말을 하지 마라."

이때 생각했다.

'판사가 법을 몰라서 이러는가? 천황의 목숨이 대단하지 않아서 이러는가? 이토가 임명한 관리라 이러는가? 어째서 이런 것인가? 가을바람에 취해 이런 것인가? 오늘 내가 당하는 이 일이 생시인가, 꿈인가? 나는 당당한 대한국민인데 왜 일본 감옥에 갇혀 있어야 하는가? 더욱이 일본 법률에 따라 재판을 받는 까닭이 무엇인가? 내가 언제 일본에 귀화라도 한 사람인가? 판사도 일본인, 검사도 일본인, 변호사도 일본인, 통역관도 일본인, 방청인도 일본인이니, 이것이야말로 벙어리 연설회냐, 귀머거리 방청 아닌가. 이것이 꿈속 세계

냐? 만일 꿈이라면 어서 깨고, 어서 빨리 깨려무나.'

이를 설명해서 무엇 하랴. 아무런 말도 소용없었다. 그래서 웃으며 대답했다.

"재판관 마음대로 하라. 어떠한 말도 하지 않겠다."

1910년
3월

그 이튿날 검찰관이 입술과 혓바닥이 닳도록 온종일 피고의 죄상을 말하다가 기진해서 끝내며, 마침내 내게 사형을 구형했다.

그 이유를 물었더니 그가 이렇게 답했다.

"이런 사람이 세상에 살아 있으면 많은 한국인이 그 행동을 본받아 일본인의 안전을 위협할 것이기 때문이다."

싸늘한 웃음을 지으며 생각했다.

'예부터 지금에 이르기까지 협객과 의사가 끊이지 않는데 그들이 모두 나를 본떠서 그랬단 것이냐? 열 사람의 재판관과 친해지기보다 단 한 가지 죄도 없기를 원한다더니 그것이 옳은 말이다. 만일 일본인이 죄가 없다면 무엇 때문에 한국인을 겁낼 것인가. 그 많은 일본인 가운데 왜 굳이 이토 한 사람만 해를 입었는가. 오늘 또 다시 한국인을 두려워하는 일본인이 있다면 그야말로 이토와 같은 목적을 가진 사람이 아니겠는가. 더구나 내가 사사로운 혐오로 이토에게 해를 가했다고 하는데, 내가 본시 이토를 알지 못하거늘 무슨 사사로운 혐오가 있어서 그랬다면, 검찰관은 나와 무슨 사사로운 혐오가 있어 이러는가. 만일 검찰관이 하는 말대로 한다면 세상에는 공적인 일이 없고, 모두 사사로운 마음과 혐오에서 나온다고 해야겠다. 그렇다면 미조부치 검찰관이 사사로운 혐오로 나를 사형에 처하도록 구형하는 것에 대해서 또 다른 검찰관이 미조부치의 죄를 심사한 뒤에 형벌을 청하는 것이 합당할 것이다. 그렇게 한다면 세상일이 언제 끝나는 날이 올 것인가. 또 이토가 일본 천지에서 가장 높고 큰 인물이어서 일본 인민들이 모두 경외하고, 그 때문에 내 죄 역시 극히 중대하기 때문에 중대한 형벌을 청구하는 것으로 생각한다. 그렇다면 왜 하필 사형을 구형하는 것인가? 일본인이 재주가 없어 사형보다 더한 형벌을 미리 마련해두지 못한 때문인가? 아니면 정상을 참작해서 경감해준다고 생각한 것이 사형인가?'

아무리 생각해도 이유를 분간할 수 없어서 의아할 따름이었다.

그 이튿날 미즈노와 가마타 두 변호사가 변론했다.

"피고의 범죄는 분명하고 의심할 바가 없다. 그러나 그것은 오해에서 비롯된 일이므로 그 죄가 중대하지 않다. 더구나 한국인에게는 일본의 사법 관할권이 없다."

"이토의 죄상은 천지신명과 모든 사람이 다 아는 일인데 무슨 오해란 말인가. 더구나 개인 원한으로 남을 죽인 죄인이 아니다. 나는 대한국 의병 참모중장의 직무로, 하얼빈에서 전쟁을 수행하다 포로가 되어 이곳에 온 것이다. 뤼순 지방재판소와는 전혀 관계없는 일이니, 만국 형법과 국제 공법으로 판결하는 것이 옳다."

이에 재판관이 모레 다시 와서 선고하겠다고 했다.

'모레면 일본 국민의 양심을 시험하는 날이니 결과를 지켜보겠노라.'

그날 법원에 이르자 마나베 재판관이 선고했다.

"안중근은 사형에 처한다. 그리고 우덕순은 3년 징역, 조도선과 유동하는 각각 1년 반 징역에 처한다."

항소 일자는 5일 안에 정하기로 하고 부랴부랴 공판장을 떠나니, 때는 1910년 경술 음력 정월 초삼일이었다.

13부

한국인
안중근

어질고 약한
죄

감옥으로 돌아와 생각해보았다.

'내가 생각한 그대로였다. 예로부터 허다한 충의로운 지사들이 죽음으로 충성하고 정략을 세운 것이 훗날의 역사에 맞지 않은 것이 없다. 이제 내가 동양의 평화를 위해 정성을 다하고 온 몸으로 방책을 세우다가, 끝내 허사로 돌아가니 통탄한들 무엇 하랴. 그러나 일본 국민들이 내 죽음을 크게 돌이킬 날이 멀지 않을 것이다. 동양의 평화가 이렇게 깨어지니 백 년 비바람이 어느 때에 그치리오. 일본이 조금이라도 양심이 있다면 반드시 이와 같은 정책은 결코 쓰지 않을 것이다. 최소한의 염치와 공정심이 남아 있었던들 어찌 이와 같은 행동을 할 수 있을 것인가. 지난 1895년(을미년)에 경성에 와 있던 일본 공사 미우라가 병사를 몰아 대궐을 침범해 명성황후를 시해했으나 일본 정부는 미우라를 처벌도 하지 않고 석방했다. 그 내막은 반드시 명령하는 자가 있어서 그렇게 한 것이 분명하다. 그런데 오늘 내 일로 말하면, 비록 개인간의 살인죄라고 할지라도, 미우라의 죄와 나의 죄 중 어느 쪽이 무겁고 어느 쪽이 가벼운가? 그야말로 통탄할 일이 아니냐. 내게 무슨 죄가 있느냐, 내가 무슨 죄를 범했느냐.'

천 번 만 번 생각하다가 문득 크게 깨달은 뒤에 손뼉을 치며 크게 웃었다.

'나는 과연 큰 죄인이다. 어질고 약한 대한제국 국민이 된 죄로다.'

이렇게 생각하자 모든 의문이 풀리는 듯했다.

감옥에서 쓴
동양평화론

그 뒤 전옥 구리하라 씨의 안내로 고등법원장 히라이시 씨와 만나 이야기를 나누었다. 나는 사형 판결에 불복하는 이유를 대강 설명한 뒤에 동양 대세와 평화 정략에 대한 의견을 말했다. 고등법원장이 듣고 난 뒤 감격했다.

"내가 그대를 깊이 동정하지만 정부의 방침을 바꿀 수가 없음을 어찌하겠는가. 다만 그대가 진술한 의견만은 정부에 전달하겠다."

그 말을 듣고 고맙게 여겼다.

'이렇게 공정한 논평은 일생에 듣기 어려운 일이다. 비록 목석이라도 감복하겠다.'

그리고 다시 청했다.

"만일 허가해준다면 동양평화론 한 권을 저술하고 싶으니, 사형 집행 날짜를 1달 남짓 늦추어줄 수 있겠는가?"

그랬더니 고등법원장이 대답했다.

"어찌 한 달뿐이겠는가. 설사 몇 달이 걸리더라도 특별히 허가하겠으니 걱정하지 마라."

나는 감사하며 항소권 청구를 포기했다.

설사 항소한다 해도 아무런 이익이 없을 뿐더러 고등법원장의 말이 진담이라면 굳이 더 생각할 것도 없어서였다.

그래서 《동양평화론》을 저술하기 시작했다.

당시 법원과 감옥의 일반 관리들이 내 필적을 기념하기 위해 비단과 종이 수백 장을 사 넣고 요청했다. 나는 필법이 능하지도 못하고, 남의 웃음거리가 될 것도 생각하지 못하고 매일 몇 시간씩 글씨를 썼다.

내가 감옥에 있는 동안 특별히 친한 두 사람이 있었는데, 한 사람은 부장 아오키 씨, 다른 한 사람은 간수 다나카 씨였다. 아오키 씨는 성질이 어질고 공평하며, 다나카 씨는 우리말에 능통해, 나를 진심으로 돌봐주었기에 두 사람과는 정이 들어 서로 형제와 같았다.

성체성사를
받다

홍 신부가 나의 영생 영락하는 성체성사를 해주기 위해 이 곳에 와서 면회하니 꿈과 같아 기쁨을 이를 길이 없었다.

그는 본시 프랑스 사람으로서 파리에서 동양전교회 신학교를 졸업한 뒤에 사제 서품을 받아 신부가 되었다. 그는 재주가 출중해 학문을 많이 하고, 영어, 불어, 독일어와 로마 고대어까지 모르는 것이 없었다.

1890년쯤 한국에 와서 경성과 인천에서 몇 해를 살았고, 그 뒤 1895년과 그 다음해에 다시 황해도에 와서 천주 교리를 전파할 적에 내가 입교해 영세를 받고, 그 뒤에도 오랫동안 같이 있었다. 그러니 오늘 이곳에서 다시 만날 줄이야 누가 생각이나 했겠는가. 당시 그의 나이 53세였다.

홍 신부는 내게 성서의 도리를 가지고 강론한 뒤에 고해성사를 주고, 이튿날 아침 미사 성제대례를 거행하고, 성체성사로 천주의 특별한 은혜를 받으니 감사하기 이를 데 없었다. 이때 감옥소에 있는 일반 관리들이 모두 와서 참례했다.

그 이튿날 오후 2시쯤에 홍 신부가 또 와서 내게 말했다.

"오늘 대한국으로 돌아가기에 작별차 왔다."

서로 몇 시간 동안 이야기를 나눈 뒤에 손잡고 헤어지며 내게 말했다.

"인자하신 천주께서 너를 버리지 않을 것이며 반드시 거두어주실 것이니 마음을 평화로이 하라."

손을 들어 나를 향해 강복한 뒤에 떠나가니, 때는 1910년 경술 음력 2월 초하루 오후 4시쯤이었다.

이것이 안중근의 31년 동안의 역사의 대강이다.

1910년 경술 음력 2월 5일(양력 3월 15일)

뤼순 옥중에서

한국인 안중근 쓰다.

대한 동포에게 고함

인심결합론

    사람이 만물보다 귀하다는 것은 다른 것이 아니라 삼강오
륜을 알기 때문이다. 그러므로 사람이 세상에서 살아갈 때 첫
째는 몸을 다스리고, 둘째는 집을 바로 다스리고, 셋째는 나
라를 보호해야 한다.

    사람은 몸과 마음을 서로 합해 생명을 보호하고, 집은 부모
와 아내와 자식에 의해 유지되고, 나라는 모든 국민의 단결로
보존되는 것이다. 슬프다. 우리나라는 오늘날 참담한 지경에
빠졌으니. 그 까닭은 다른 것이 아니라 서로 화합하지 못한
것이 가장 큰 원인이다.

    이 불화하는 병의 원인은 교만이다. 수많은 해독이 이로부
터 생겨나느니, 그런 무리는 저보다 나은 사람을 시기하고,
저보다 약한 사람을 업신여기며, 동등한 이들은 서로 다투어

아랫사람이 되지 않으려 하니, 어찌 서로 한데 어울릴 수 있겠는가.

교만을 바로잡는 것은 겸손이다. 저마다 겸손함으로 자신을 낮추고 남을 공경하며, 남이 자기를 꾸짖는 것을 너그러이 받아들이고 남을 꾸짖기를 너그러이 하고, 내 공을 남에게 양보한다면 무릇 사람이 짐승이 아니거늘 어찌 서로 불화할 리 있겠는가.

옛날에 어느 나라 임금이 죽을 때가 되어 자식들을 불러모아 말했다.

"너희들이 만일 내가 죽은 뒤에 마음을 합하지 못하면 쉽게 남에게 꺾일 것이고, 마음을 합하면 어찌 남들이 꺾을 수 있겠느냐."

이제 고국산천을 바라보니 동포들이 원통하게 죽고 아무 죄 없는 조상의 백골마저 깨지고 있으니 이 소리를 차마 듣지 못하겠다.

깨어라, 연해주의 동포들아! 본국의 이 소식을 듣지 못했는가? 당신들의 일가친척은 모두 대한 땅에 있고, 당신들의 조상 분묘도 모국 산하에 있지 않은가.

뿌리가 마르면 가지 잎도 마르는 법이니, 같은 조상의 피를 이어받은 동포들이 이미 굴욕을 당했으니 내 몸은 장차 어떻게 하리오.

우리 동포들아! 저마다 불화 두 자를 깨뜨리고 결합 두 자를 굳게 지켜 자녀들을 교육하며, 청년자제들은 죽기를 결심하고 속히 우리 국권을 회복한 뒤에, 태극기를 높이 들고 가족과 독립관에 서로 모여 한 마음 한 뜻으로 육대주가 울리도록 대한 독립 만세를 부를 것을 기약하자.

나 한국인
안응칠

하늘이 사람을 내어 세상이 모두 형제가 되었다. 각자 자유를 지켜 삶을 누리고 죽음을 싫어하는 것은 누구나 가진 떳떳한 정이다. 오늘날 세상 사람들은 으레 문명한 시대라 하지만, 나는 홀로 그렇지 않은 것을 탄식한다. 무릇 문명은 동양과 서양을 불문하고 잘난이와 못난이, 남녀노소를 물을 것 없이 각자 천부의 성품을 지키고 도덕을 숭상하며 서로 다투는 마음 없이 제 땅에서 편안히 생업을 즐기면서 함께 태평을 누리는 것이다.

그런데 이 시대는 그렇지 못해, 이른바 선진 사회의 선진국 인물들은 경쟁만 생각하며, 사람을 죽이는 기계만 연구한다. 그래서 동서양 육대주에 대포 연기와 탄환 빗발이 끊어질 날이 없으니, 어찌 개탄하지 않겠는가.

　이제 동양의 흐름을 들여다보면 정상이 아닌 일들이 일어나 이를 기록하기조차 어렵다. 특히 이토 히로부미는 천하의 이치를 깊이 헤아리거나 알지 못하고, 함부로 잔혹한 정책을 써서 동양 전체가 어려움을 처하고 말았다.

　슬프다. 천하대세를 걱정하는 청년들이 어찌 팔짱만 끼고 아무런 방책도 없이, 앉아서 죽기를 기다리겠느냐. 이에 나는 생각다 못해 하얼빈의 만인이 보는 앞에서 총 한 방으로 늙은 도적 이토 히로부미의 죄악을 벌해, 뜻있는 동양 청년들의 정신을 일깨운 것이다.

일본 법정에
서서

내가 이토 히로부미를 쏘아 죽인 것은 대한 독립 전쟁의 한 부분이며, 내가 일본 법정에 선 것은 전쟁에 패해 포로가 된 때문이다. 나는 개인 자격으로 이 일을 행한 것이 아니라 대한의군 참모중장 자격으로 조국의 독립과 동양 평화를 위해 행한 것이니, 만국 공법으로 처리하도록 하라.

대한 동포에게
고함

　내가 대한 독립을 회복하고 동양 평화를 유지하기 위해 3년 동안 해외에서 떠돌아다니며 고생했으나 그 목적을 이루지 못하고 이곳에서 죽노니, 우리 2천만 형제자매는 각자 스스로 분발해 학문에 힘쓰고 산업을 진흥함으로써 내 뜻을 이어 자유 독립을 회복하면 죽는 자 한이 없겠노라.

마지막
유언

　내가 죽은 뒤에 나의 뼈를 하얼빈공원 곁에 묻어 두었다가
국권이 회복되면 고국으로 옮겨다오. 나는 천국에 가서도 마
땅히 우리나라의 독립을 위해 힘쓸 것이다. 너희들은 돌아가
서 동포들에게 각자 나라를 위해 책임을 지고 국민 된 의무를
다해, 마음을 같이 하고 힘을 모아 공을 세우고 업을 이루도
록 일러다오. 대한 독립의 소리가 천국에 들려오면 나는 마땅
히 춤추며 만세를 부를 것이다.

세계 역사를
돌아보면

대개 합치면 성공하고 흩어지면 패한다는 것은 만고에 분명한 이치다. 지금 세계는 동서로 나뉘어 있고 인종도 각각 달라 서로 경쟁하는 것이 다반사다. 일상생활을 보더라도 농업과 상업보다 무기를 더 연구해 기관총, 비행선, 잠수함 등 새로운 발명품을 만들었지만 이는 모두 사람을 다치게 하고 사물을 파괴하는 기계다.

청년들을 훈련해 전쟁터로 몰아넣고 수많은 귀중한 생명을 희생양처럼 버리니 피가 냇물을 이루고 살점이 질펀하게 널리는 일이 날마다 그치지 않는다. 살기를 바라고 죽기를 싫어하는 것은 모든 사람의 마음이거늘 밝은 세상에 이 무슨 광경인가. 말과 생각이 여기에 이르니 뼈가 시리고 심장이 서늘해

진다.

근본을 따져 보면 예로부터 동양 민족은 학문에만 힘쓰고 제 나라만 조심해 지켰을 뿐, 유럽 땅을 단 한 치도 침입해 빼앗지 않았다. 이는 5대주의 사람이나 짐승, 초목까지 다 알고 있다.

그런데 유럽의 여러 나라는 최근 수백 년 이래 도덕심을 까맣게 잊고, 경쟁하는 마음으로 무력을 일삼으면서도 조금도 꺼리지 않는다. 그중 러시아가 더욱 심하다. 러시아의 폭력과 잔인함이 서유럽이나 동아시아의 어느 곳이든 미치지 않는 곳 없이 죄악이 차고 넘쳐 신과 사람이 다 같이 분노했다. 그 까닭에 하늘이 한 번 기회를 주어 동해의 작은 섬나라인 일본이 이 같은 강대국 러시아과 만주 대륙에서 겨루어(러일전쟁) 러시아를 한주먹으로 때려눕히게 했다. 누가 능히 이런 일을 헤아렸겠는가. 이것은 하늘의 뜻에 따르고 땅의 보살핌을 얻은 것으로 사람의 정에도 어울리는 이치다.

만일 당시 한국과 청 두 나라 국민 모두가 한마음으로 전날의 원수를 갚고자 일본을 배척하고 러시아를 도왔다면 일본이 어찌 큰 승리를 거둘 것을 예상이나 했겠는가. 그러나 한국과 청 두 나라 사람들은 이 같이 행동할 생각이 없었을 뿐만 아니라, 오히려 일본 군대를 환영하고 운수, 도로 정비, 정탐 등 힘들고 수고로움을 잊고 힘을 기울였다. 이것은 무슨 이유인가. 두 가지 큰 이유가 있다.

일본과 러시아가 전쟁을 시작할 때, 일본 천황은 선전포고 조서에 "동양 평화를 유지하고 대한 독립을 공고히 한다"라고 했다. 이 같은 큰 뜻이 대낮보다 더 밝았기에 한국과 청 사람들은 지혜로운 사람이나 어리석은 이를 막론하고 한결같은 마음으로 따른 것이 그 하나이고, 일본과 러시아의 다툼은 황인종과 백인종의 경쟁이라 할 수 있으므로 지난날 원수진 마음이 하루아침에 사라지고 도리어 모두가 사랑하는 하나의 무리를 이루었으니, 이것도 인정과 이치에 합당한 또 하나의 이유다.

동양의 평화를
말한다

통쾌하고 장하도다. 수백 년 동안 악을 행하던 백인종의 선봉을 북소리 하나로 크게 부수었도다. 참으로 천고에 드문 일이며 세계가 기념할 업적이다. 당시 한국과 청 두 나라의 뜻 있는 이들이 하나같이 기뻐해 마지않은 것은 일본의 정략이나 일처리가 동서양 천지가 개벽한 이래 가장 뛰어난 대사업이며 시원한 일이라 여겼기 때문이다.

슬프다. 천만뜻밖으로 일본이 크게 승리한 이후 가장 가깝고 가장 친하며, 약하지만 어진 같은 인종 한국을 힘으로 눌러 조약(1904년 한일의정서와 1905년 을사늑약)을 맺고 만주 창춘 이남을 조차를 빙자해 점거했다. 그 때문에 세계 모든 사람의 머릿속에 의심이 구름처럼 홀연히 일어나 일본의 명성과 정대한 공훈이 하루아침에 뒤집혀, 만행을 일삼는 러시아보다 더 못된 나라로 여기게 되었다.

슬프다. 용과 호랑이의 위세로 어찌 뱀이나 고양이처럼 행동한단 말인가. 이렇게 좋은 기회를 어떻게 다시 찾을 수 있을까. 아깝고 통탄할 일이다.

'동양 평화'와 '한국 독립' 문제는 이미 전 세계 모든 나라 사람들이 다 아는 사실이며 당연한 일로 굳게 믿었고 한국과 청 두 나라 사람들의 마음에 깊이 새겨졌다. 이와 같은 사상은 비록 하늘도 소멸시키기 어려울 것으로, 하물며 한두 사람의 꾀로 어찌 말살할 수 있겠는가.

지금 서양 세력이 동양으로 침략의 손길을 뻗쳐 오고 있는데, 이 환란을 동양 인종이 일치단결해서 힘껏 방어함이 최상의 방법임은 어린아이라도 다 아는 일이다. 그런데 무슨 이유로 일본은 이러한 자연스러운 형세를 돌아보지 않고 같은 인종인 이웃 나라를 강제로 빼앗고 친구의 정을 끊어, 스스로 조개와 도요새가 서로 물고 물리는 형국이 되어 어부를 기다리듯 하는가. 한국과 청 두 나라 사람들의 소망이 완전히 끊어지고 말았다.

만약 일본이 정략을 고치지 않고 이웃나라들을 날로 심하게 핍박한다면 차라리 다른 인종에게 망할지언정 같은 인종에게 욕을 당하지 않겠다는 의론이 한국과 청 사람들의 마음 깊은 곳에서 용솟음쳐 모두가 스스로 백인의 앞잡이가 될 것이 불을 보듯 뻔하다.

그렇게 되면 동양의 수 억 황인종 가운데 수많은 이들과 울분에 넘친 사람들이 수수방관하며 앉아 동양 전체가 까맣게 타 죽는 참상을 기다릴 것이니 그것이 옳겠는가.

그래서 동양 평화를 위한 의로운 싸움을 하얼빈에서 시작하고, 옳고 그름을 가리는 것은 뤼순구에 정했다. 그리고 동양 평화에 관한 의견을 제출하니 여러분은 깊이 살필지어다.

청일전쟁에서
러일전쟁으로

　예로부터 지금에 이르기까지 동서남북의 육대주 어디를 막론하고 헤아리기 어려운 것은 대세가 뒤엎어지는 것이고 알 수 없는 것은 인심이 변하는 것이다.

　지난날(갑오년. 1894년) 청일전쟁을 보더라도 그때 조선의 쥐새끼 같은 도적 무리인 동학당의 소요로 청과 일본 두 나라가 병력을 동원해 조선에 건너와 함부로 전쟁을 벌이며 충돌했다.

　청이 패하자 일본이 승승장구해 랴오둥의 반을 점령했다. 험준한 요새인 뤼순을 함락시키고 청나라의 북양함대를 격파한 후 시모노세키에서 담판을 열어 조약을 체결해 타이완을 할양받고 2억 원을 배상금으로 받기로 했다. 이는 일본의 메이지유신 후 큰 기적이라 할 만하다.

청은 물자가 풍부하고 땅이 넓어 일본에 비하면 수십 배는 족히 되는데 어떻게 이처럼 패했는가. 예로부터 청나라 사람은 자신을 중화대국이라 일컫고 다른 나라를 오랑캐라 부르며 몹시 교만했다. 더구나 권력을 가진 신하와 친족들이 국권을 마음대로 휘두르고 관료와 백성이 원수가 되어 위아래가 불화했기 때문에 이처럼 욕을 당한 것이다.

일본은 메이지유신 이래로 민족이 화목하지 못하고 다툼이 끊이지 않았으나, 외교 분쟁이 생겨난 후에는 집안싸움이 하루아침에 그치고 힘을 합쳐 한 덩어리로 무리를 이루었으므로 이 같은 승리를 올리게 된 것이다. 이것이 이른바 남은 아무리 친해도 다투는 형제보다 나을 수 없다는 말이다.

이때 러시아가 한 행동을 기억해야 한다. 당시 러시아는 동양함대를 조직하고, 프랑스와 독일 두 나라와 연합해 일본 요코하마 항구 해상에서 대규모 시위를 항의를 벌였다. 이에 일본은 랴오둥반도를 청에 되돌려 주고 청은 내야 할 배상금이 줄어들었다(1895년의 삼국간섭). 밖으로 드러난 행동을 보면 천하의 공법이고 정의라 할 수 있다. 그러나 그 내용을 들여다보면 호랑이 심술보다 더 사납다. 불과 수년 만에 러시아는 민첩하고 교활한 수단으로 뤼순구를 조차한 후에 군항을 확장하고 철도를 부설했다.

이런 일의 근본을 따져 보면 수십 년 전부터 펑톈 이남 다롄, 뤼순, 뉴좡 등 바다가 얼지 않는 항구를 한 곳이나마 억지로 가지고 싶어한 러시아의 욕심이 불같고 밀물 같았다. 그러나 감히 손쓰지 못한 까닭은 영국과 프랑스 두 나라에 톈진을 침략 당한 청이 관둥의 각 진영에 신식 군사시설을 많이 설비했기 때문이다. 감히 손 쓸 마음을 먹지 못하고 끊임없이 침만 흘리면서 오랫동안 때가 오기를 기다렸다. 그러다가 지금에 이르러 계산이 들어맞은 것이다.

당시 뜻있고 안목을 갖춘 일본인이라면 누구라도 창자가 갈기갈기 찢어지지 않았겠는가. 그러나 이유를 따져 보면 이 모두가 일본의 허물이다. 이것이 바로 구멍이 있으면 바람이 생기는 법이요, 자기가 먼저 치니까 남도 친다는 격이다. 만일 일본이 먼저 청을 침범하지 않았다면 러시아가 어찌 감히 이렇게 행동했겠는가. 제 도끼에 제 발등 찍힌 격이다.

이로부터 중국 전체의 모든 사회 언론이 들끓었으므로 무술변법이 자연스럽게 양성되는 듯했으나, 곧이어 의화단이 들고 일어났으며 일본과 서양을 배척하는 대재난이 크게 일어났다.

그래서 8개국 연합군이 보하이 해상에 운집해 톈진을 함락하고, 베이징으로 쳐들어갔다. 청 황제가 시안부로 피신하는가 하면 군인과 민간인이 가릴 것 없이 상해를 입는 자가 수백만 명에 이르고 금은 재화의 손해는 그 수를 헤아릴 수조차 없었다. 이 같은 참화는 세계 역사상 드문 일이자 동양의 큰 수치이며 장래 황인종과 백인종 사이가 나뉘어 다툼이 그치지 않을 첫 징조였다. 어찌 경계하고 탄식하지 않을 것인가.

이때 러시아 군대 11만 명이 철도 보호를 핑계로 만주 접경지역에 주둔해 있으면서 끝내 철수하지 않으므로 러시아 주재 일본공사 구리노 씨가 혀가 닳고 입술이 부르트도록 그 폐단을 주장했지만, 러시아 정부는 들은 체도 하지 않았을 뿐만 아니라 도리어 군사를 늘렸다.

슬프다. 일본과 러시아 두 나라 사이의 대참화를 끝내 벗어나지 못했다. 그 근본 원인을 논한다면 궁극적으로 어디로 돌아갈 것인가. 이야말로 동양의 뼈아픈 거울로 삼을 만하다.

어찌 혼자 이겼다
하는가

당시 일본과 러시아 두 나라가 각각 만주에 출병할 때 러시아는 단지 시베리아철도로 80만 군비를 실어 날랐으나, 일본은 바다를 건너고 남의 나라(대한제국)을 지나 4, 5군단과 군수품과 군량을 수륙 양쪽으로 보내 랴오허 일대에 수송했으니 비록 예정한 계획이었다고는 하지만 어찌 위험하지 않았겠는가. 결코 완전한 방책이 아니요, 참으로 마구잡이 싸움이라 할 수밖에 없다.

일본 육군이 잡은 길을 보면 한국의 각 항구와 싱징, 진저우만 등지에 상륙했으니 4, 5천 리를 이동하며 겪었을 바다와 육지에서의 괴로움을 말하지 않아도 짐작할 수 있다.

이때 일본군이 연전연승은 했지만 여전히 함경도를 벗어

나지 못했고, 뤼순구를 아직 격파하지 못했으며, 펑톈에서도
이기지 못했을 것이다.

만약 한국의 관민이 일치해 한 목소리로 을미년(1895년)에
한국 명성황후를 무고히 시해했으니 그 원수를 이 기회에 갚
아야 한다고 사방에 격문을 띄우고 일어났다면, 함경도와 평
안도 사이에 있는 러시아 군대가 예상하지 못한 곳에서 오가
며 생각하지 못한 곳을 공격해 일본군과 전후좌우로 충돌하
고, 청 또한 위아래가 협동해 지난날 의화단 때처럼 들고일
어나 갑오년(1894년)의 묵은 원수를 갚겠다면서 베이징 일대
사람들이 폭동을 일으키고 허실을 살펴 방비 없는 곳을 공격
해 가이핑, 랴오양 방면으로 유격 기습을 벌이며 싸우고 지켰
다면, 일본군은 남북이 분열되고 앞뒤로 적을 맞아 중심과 주
변 모두 곤경에 처하는 어려움을 면하기 어려웠을 것이다.

만일 이 지경에 이르렀다면 뤼순, 펑톈 등지의 러시아 장졸
들은 기세가 올라 앞뒤로 가로막고 좌충우돌했을 것이다. 그
랬다면 일본군 세력이 머리와 꼬리가 닿지 않아 군수품과 군
량미를 이어 댈 방법을 찾기가 매우 어려웠을 것이다.

그렇게 되었다면 야마가타 아리토모와 노기 마레스케의 방
책과 계략은 분명히 무산되었을 것이고, 또한 이때 청 정부와

주권자들의 야심도 폭발해서 묵은 한을 갚는 시기도 놓치지 않았을 것이다.

이른바 '만국공법'이나 '엄정중립' 같은 말들은 모두 근래 외교가의 교활한 속임수이니 언급할 바가 못 된다. 군사 행동에서는 적을 속이는 것을 꺼리지 않거나 의외의 허점을 치고 나가는 것이 전략가의 묘책이라고 말하면서, 청의 관민이 하나가 되어 명분 없이 군사를 동원해 일본을 배척하는 상태가 매우 극렬했다면 동양 전체를 휩쓸 백년 풍운을 어찌할 뻔했는가.

만약 이와 같은 지경이 되었다면 유럽 열강이 뜻밖에 좋은 기회를 얻었다며 각기 앞을 다투어 군사를 출동시켰을 것이다. 그때 영국은 인도와 홍콩 등지에 주둔하고 있는 육군과 해군을 병진시켜 산둥반도의 웨이하이웨이 군항 방면에 집결시켜 놓고는 분명히 강경한 수단으로 교섭에 나서 청 정부를 추궁했을 것이다.

또 프랑스는 사이공과 마다가스카르에 있는 육군과 군함을 일시에 지휘해서 아모이 등지로 모여들게 했을 것이고, 미국, 독일, 벨기에, 오스트리아, 포르투갈, 그리스 등의 동양 순양함대는 보하이 해상에서 연합해 합동조약을 미리 준비하고는 이익을 서로 나누길 바랐을 것이다.

그렇게 되면 일본은 어쩔 수 없이 밤새워 전국의 군비와 국가의 모든 재정을 편성한 뒤에 만주, 한국 등지로 곧바로 수송했을 것이다.

청은 격문을 사방으로 띄워 만주, 산둥, 허난, 찡샹 등지의 군대와 의용병을 급히 소집해 용과 호랑이가 다투는 형세로 일대 풍운을 자아냈을 것이다. 만약 이러한 형세가 벌어졌다면 동양의 참상은 말로 하지 않아도 상상하고 남음이 있다.

이때 한국과 청 두 나라는 그렇게 하지 않았을 뿐만 아니라 오히려 서로 약속한 규정을 준수하고 털끝만큼도 움직이지 않아 일본이 만주 땅 위에서 위대한 공훈을 세우게 했다. 이를 보면 한국과 청 두 나라 인사의 개화 정도와 동양 평화를 희망하는 정신을 충분히 알 수 있다. 그러니 동양의 뜻있는 인사들의 깊은 생각과 헤아림은 훗날의 모범이 될 것이다.

그런데 그때 러일전쟁이 끝날 무렵, 강화조약(1905년 포츠머스조약) 성립을 전후해 한국과 청 두 나라의 뜻있는 인사들의 수많은 소망이 모두 잘려버렸다.

일본의 만행을
규탄한다

당시 일본과 러시아 양국 전쟁의 전세를 논한다면 전쟁이 일어난 이후로 크고 작은 교전이 수백 차례였으나, 러시아 군대는 연전연패로 상심하고 낙담해 멀리서 적을 보기만 해도 달아났다.

일본 군대는 백전백승 승승장구해 동으로는 블라디보스토크 가까이 이르고 북으로는 하얼빈에 육박했다. 사세가 여기까지 이르렀으니 기회를 놓칠 수 없었다. 이왕 벌인 일이니 비록 온 국력을 기울여서라도 1, 2달 동안 사력을 다해 나아가 공격하면 동으로 블라디보스토크를 차지하고 북으로 하얼빈을 격파하는 것은 불을 보듯 뻔한 형세였다.

만약 그렇게 되었다면 러시아의 백년대계는 분명히 하루아침에 흙이 무너지고 기와가 깨어지는 모습이 되었을 것이다. 그런데 무슨 이유로 그렇게 하지 않고 은밀히 구구하게 먼저 강화를 청해 화근을 뿌리째 뽑아 버리지 않았는지 한탄스러운 일이다.

게다가 일본과 러시아의 강화 담판을 보더라도 천하에 어떻게 워싱턴을 장소로 정한단 말인가? 당일 형세가 비록 미국이 중립을 지켜 편파적인 마음이 없다고는 하지만, 짐승들이 다툴 때도 오히려 주객이 형세가 있는 법인데 하물며 인종의 다툼에 있어서랴. 일본은 전승국이고 러시아는 패전국인데 일본이 어찌 제 본뜻대로 정하지 못했는가. 동양에서는 마땅히 알맞은 곳이 없어서 그랬단 말인가.

고무라 주타로 외상이 구차스레 수만 리 밖 워싱턴까지 가서 강화조약을 체결할 때 사할린 절반을 벌칙 조항에 넣은 일은 혹 그럴 수도 있어 이상하지 않지만, 한국을 그 가운데 집어넣어 우월권을 갖겠다고 한 것은 근거도 없고 합당하지도 않은 처사다.

지난날 시모노세키조약 때는 본래 한국이 청의 속방이었으므로 그 조약 중에 간섭이 반드시 있게 마련이지만, 한국과 러시아 두 나라 간에는 처음부터 관계가 없는 터인데 무슨 이유로 그 조약에 들어가야 한단 말인가.

일본이 한국에 대해 이미 큰 욕심을 가지고 있었다면 어찌 자기 수단으로 마음대로 하지 못하고 이와 같이 유럽 백인종과의 조약 중에 끼워 넣어 영원한 문제가 되도록 했단 말인가. 너무나 어이없는 처사다. 또 이미 중재의 주역이 된 미국 대통령도 한국이 구미 사이에 놓인 것을 보고 몹시 놀라 조금은 괴상하게 생각했을지라도 같은 종족을 사랑하는 의리로 일을 처리했을 리는 만무하다.

또한 미국 대통령이 노련한 수단으로 고무라 주타로 외상을 마음대로 농락해 약간의 섬 지역과 파손된 배와 철도 등 남은 물건을 배상으로 나열하고는 거액의 벌금은 모두 없애 버렸다.

만일 이때 일본이 패하고 러시아가 승리해 담판하는 자리를 워싱턴에서 개최했다면 일본에 대한 배상 요구가 어찌 이처럼 약소했겠는가. 그러하니 세상일이 공평하지 않음을 이를 미루어 알 수 있다.

이는 지난날 동쪽을 침략하고 서쪽을 정벌하던 러시아의 행위가 매우 심해 구미 열강이 각자 엄정중립을 지켜 서로 돕지 않았던 것이다. 이처럼 황인종에게 패전 당한 뒤 일을 매

듭짓는 자리에서 어찌 같은 인종으로서의 정의가 없었겠는가. 이것은 인정세태의 자연스러운 형세다.

슬프다. 그러므로 자연의 형세를 돌아보지 않고 같은 인종인 이웃 나라를 해치는 자는 끝내 따돌림을 받아 혼자가 되는 재앙을 결코 피하지 못할 것이다.

안중근은 《동양평화론》을 서문, 전감, 현상, 복선, 문답으로 구성할 예정이었다. 이를 완성할 때까지 형을 연기해달라고 재판부에 요청했으나 받아들여지지 않았고, 서문과 1장인 〈전감〉 중 이 부분까지 쓰다가 1910년 3월 26일 사형 당했다.